日本の2000年史
その時、中国はどう動いた？

歴史の謎研究会［編］

青春出版社

はじめに

中国のことを「厄介な隣人」と感じている人は少なくないでしょう。たしかに、領土問題や歴史認識問題など、日中間にトラブルのタネは尽きません。しかし、その一方で、日本にとって中国は最大の貿易相手国でもあります。

過去においても、時代によって親疎の差はあったとはいえ、中国と日本は深い関係を築いてきました。本書では、弥生時代にまでさかのぼる、その深くて長い関係を振り返りました。

その日中間の二〇〇〇年をゆうに超える関係のなかには、あまり知られていない意外なエピソードも多数眠っています。たとえば、あなたは、平安時代、大陸にあった国から三四回も使節団が来ていたことをご存じでしょうか。一一世紀モンゴルよりも前に、謎の民族が日本に侵攻してきていたという話は、ご承知でしょうか。日本と中国は、良くも悪くも文字どおり一衣帯水の関係にあります。本書で、その両国の歴史、および両国の関係史を振り返っていただければ幸いに思います。

２０２４年５月

歴史の謎研究会

日本の2000年史　その時、中国はどう動いた？●目　次

第四章 鎌倉時代

第五章 室町・戦国・安土桃山時代

第六章　江戸時代

第七章　明治・大正時代

第八章 昭和から現在まで

ＤＴＰ■フジマックオフィス

第一章

縄文・弥生時代

縄文・弥生時代の日本

▼稲作の伝来、邪馬台国…二〇〇〇年前の日本に起きた重大事件

氷河期、日本列島は現在の中国を含むアジア大陸とつながっていた。海が凍り、北から南から、日本列島に歩いて渡ることができた。その時期から、日本列島における人類活動の痕跡が認められはじめる。日本の旧石器時代が始まったのである。

国内で旧石器時代の遺物が最初に見つかったのは、とだった。かつて日本には旧石器時代の遺跡が存在せず、日本列島に人が住むようになったのは、新石器時代にあたる縄文時代からと考えられていたが、群馬県の岩宿遺跡から二万四〇〇〇年前の旧石器が発見されたことで、日本列島にも旧石器時代が存在したことがわかったのだ。

やがて、氷河時代が終わりをむかえると、植物がよく茂るようになり、現在に近い自然環境ができあがった。また、それまでアジア大陸と陸続きだった日本列島は、海水位の上昇によって大陸から切り離された。そのように、変わりゆく自然環境の

なかで生まれたのが、日本独自の縄文文化である。この時代は約一万二〇〇〇年前から始まったとみられ、弥生時代が始まる二三〇〇～二四〇〇年前まで続いた。同時代には、石器を磨いて作る磨製（ませい）石器が出現したので、新石器時代とも呼ばれている。

そんな時代に生きた縄文人は、磨製石器のほかに、食物の煮炊きや保存のために土器を使い、おもに狩猟や漁労によって暮らしていた。

ただ、彼らも、植物を採取するだけでなく、栽培していたことがわかってきている。長らく信じられていた定説では、縄文人は農耕牧畜を行わなかったとされていたが、科学的な分析が進んだことで、縄文人は栗や豆類を育て、食用としていたことがわかってきたのだ。

さらに近年では、縄文人が麦、アワ、ヒエ、米なども栽培していたこともわかっている。ただし、いまだ本格的な農耕の段階には至っておらず、狩猟と採取も行いながら、補助的に食糧を栽培していたとみられている。そうして、旧石器時代の古い習慣のうえに、新しい縄文時代の技術が重なって、新たな文化が日本列島に根付いていったのである。

日本列島で、水稲耕作が開始されたのは、縄文時代の終わり頃のことだった。「稲作が始まるのは弥生時代から」とされた時期もあったが、佐賀県の菜畑（なばたけ）遺跡や、福岡県の板付（いたづけ）遺跡など、縄文晩期の水田が西日本各地で発見されたことで、弥生時代に入る前に水稲耕作がはじまっていたことが明らかになった。

ちょうどその時期は、中国で戦乱が相次いだ春秋・戦国時代に重なる。水田で稲作をおこなう技術は、大陸から縄文末期にもたらされ、人々の生活スタイルを変えていったと考えられている。

水稲耕作は、紀元前五世紀頃から本格化し、弥生時代が幕を開ける。その時代、人々の暮らしはどのように変わったのだろうか？

もっとも大きな変化は、狩猟と採取と小規模の栽培からなっていた食糧事情が、大規模生産の段階へと入ったことにある。その結果、農耕社会が成立するとともに、大規模な戦乱が生じるようになった。米を育てるために必要な土地や水、労働力を人々が奪い合うようになったからである。また、米作によって食糧供給が安定する一方、余剰生産物が蓄積されるようになり、その分け前をめぐっても戦いが起きるようになった。そうした争いのなか、やがて大勢の人々を束ねるリーダーが出現し、日本列島には集落を統合した小国が分立した。縄文時代に形成された共同体的な「ムラ」が、農耕社会の発達によって、身分や階級の差がある「クニ」へと発展したのだ。中国の歴史書『漢書』地理志によると、紀元前一世紀頃の日本には一〇〇余りのクニがあったという。

また『後漢書』東夷伝には、倭の奴国の王が、紀元五七年に光武帝から印綬を受けたと記されており、そのとき授かった印が、福岡市の志賀島から発見された金印だとみられている。この奴国の王の例でもわかるように、小国の王らは、中国や朝鮮半島と積極的に関わることで、他の王よりも有利な立場に立とうとしたのだった。

しかし、突出したリーダーはあらわれず、『三国志』の『魏志』倭人伝によると、二世紀の終わり頃、倭国では大きな争乱が起こったという。そして、その戦いに勝ち残った三〇あまりのクニが共同して立てた王が、邪馬台国の女王・卑弥呼だった。卑弥呼は神の意志を聞くことができる巫女であり、彼女の宗教的な権威のもと、ようやく争いはおさまったと『魏志』倭人伝は伝えている。

ところが、卑弥呼が二四七年かその後に亡くなり、続いて男の王が立つと、再び争いが起こった。そこで、卑弥呼と同族の女性が王位につくと、戦乱は終息に向かった。その頃から、中国が混乱期に入ったことで、邪馬台国は中国の史書から姿を消してしまう。そのため、日本史は三世紀のことは比較的よくわかっているが、四世紀をめぐる史料はほとんど存在せず、同世紀は謎の時代となっているのである。

そこで問題となるのが、邪馬台国の所在地と、のちに成立するヤマト政権との関係である。もし、邪馬台国が近畿地方にあったならば、三世紀前半には近畿を中心に広域の政治連合を形成していたことになり、邪馬台国はそのままヤマト政権につながる。しかし、九州にあったならば、邪馬台国連合は比較的小さな規模のもので、ヤマト政権とは別のものである可能性が出てくる。

はたして、邪馬台国はヤマト政権につながるのか、それとも別のものなのか、この問題には現在も決着がついていない。

始皇帝による中国統一から、前漢・後漢、三国時代まで

日本の縄文・弥生時代、中国ではすでに王朝国家が築かれ、高いレベルの文化が

花開いていた。近年の研究調査で、現時点で中国最古とされる文明は長江（揚子江）流域におこったことがわかっているが、その後、中国史の主舞台となったのは、黄河の流域である。古い史書には、夏王朝が最古の王朝として誕生したと記されているが、その実在は実証されていない。確認されている最古の王朝は、夏王朝につづく殷王朝である。紀元前一七世紀ごろに誕生した殷では、漢字の原型である甲骨文字が使われ、祭政一致の神権政治が行われていた。

紀元前一一世紀、殷王朝は周の文王に倒され、代わって周王朝が誕生する。周王朝は、やがてチベット系の犬戎に圧迫され、紀元前七七〇年に都の鎬京が陥落、東の洛邑（洛陽）に遷都する。以後の周王朝は東周と呼ばれる。

東周時代と同時に進展していくのが、「春秋戦国時代」である。春秋時代は犬戎に敗れた周王室を諸侯らが盛り立てようという時代だったが、しだいに周王室の衰亡は誰の目にも明らかになる。そこから、周王室を無視して、諸侯が覇権を競い合う戦国時代が始まった。

春秋戦国時代は、後世に大きな影響を与えた世界的な思想家が輩出した時代であり、「諸子百家」と呼ばれる思想家たちが、次々と登場した。儒教の孔子が現れ、その後に孟子（もうし）、荀子（じゅんし）がつづく。その一方、老荘思想の老子（ろうし）と荘子（そうし）、法家の韓非子（かんぴし）、兵家の孫子（そんし）らが現れ、独自の思想を展開した。

春秋戦国時代は、諸侯が生き残りをかけて新思想と技術を求めた時代であり、それに応じるように大勢の思想家が現れたのだ。中国史上、これほどさまざまな思想が花開いた時代はほかにはない。

戦国時代を統一したのは、秦の始皇帝である。秦は中国北西部の辺境国だったが、法家による法治主義によって国力を増強し、紀元前二二一年に周やライバル国を滅ぼして、中国全土を初統一した。その版図は周王朝時代よりもはるかに大きく、中国の本格王朝は秦帝国をもってスタートしたと言っていい。

始皇帝は度量衡や貨幣を統一、全国に郡県制をしき、その後の歴代王朝の基礎を築くが、始皇帝が死ぬと、まもなく崩壊する。陳勝（ちんしょう）・呉広（ごこう）の乱など、相次ぐ反乱によって、紀元前二〇六年、わずか一五年間で滅亡した。

秦滅亡後の混乱の中、貴族出身の項羽（こうう）と農民上がりの劉邦（りゅうほう）が台頭する。当初は項羽が優位に立つが、やがて形勢逆転、紀元前二〇二年、劉邦が項羽を滅ぼし、中国を再統一する。これが、漢王朝の始まりだ。

漢は、朝鮮半島からベトナムの一部までも勢力下に置き、強力な帝国を形成する。その最大の敵となったのは、モンゴル高原周辺を勢力圏とした遊牧民族国家の匈奴（きょうど）である。匈奴は、戦国時代末期に台頭し、しばしば中国本土に侵入した。秦の始皇帝は、匈奴の侵攻に対抗するため、万里の長城を築いたが、有力な防衛手段とはならなかった。

漢の高祖・劉邦は、中国大陸を統一した自信から、匈奴の冒頓単于（ぼくとつぜんう）に挑むが敗北、命からがら逃れている。以降、匈奴に毎年多額の物品を贈り、和平を得ていたが、武帝の時代になると、対匈奴の本格戦争が始まった。武帝の時代に、漢帝国は全盛期を迎え、匈奴をゴビ砂漠以北に追いやった。

漢帝国は、紀元後八年に外戚の王莽（おうもう）にいったん政権を簒奪（さんだつ）される。王莽の打ち立てた新は周王朝の時代の政治を理想とするが、一八年に赤眉（せきび）の乱が起き、滅亡する。代わって、劉秀が漢帝国を復興させた。これが後漢であり、劉秀は後漢の光武帝と呼ばれる。

後漢王朝では、皇帝が早死にすることが多く、外戚や宦官（かんがん）が権力をふるった。後漢は前漢ほどの国力を保持できず、農民反乱が頻発した。一八四年、黄巾（こうきん）の乱が起きると、もはや国家として無力となる。黄巾の乱は、太平道という秘密宗教結社の張角(ちょうかく)による乱であり、歴代中国王朝にとって脅威となる秘密宗教結社による乱の始まりだった。

黄巾の乱によって、中国は群雄割拠の時代となり、二二〇年、後漢は滅亡。滅亡以前に、曹操(そうそう)、劉備(りゅうび)、孫権(そんけん)が台頭、後漢滅亡後に曹操の子・曹丕(そうひ)による魏、劉備の蜀、孫権の呉という三国時代を迎える。この時期に、日本の邪馬台国は魏に朝貢し、その姿が魏の正史である『魏志』によって伝えられることになった。

この三国時代、劉備の蜀を支えたのが諸葛亮(しょかつりょう)(孔明(こうめい))であり、諸葛亮のライバルとなったのが、魏の将軍・司馬懿(しばい)である。司馬懿の子孫はやがて魏王室を乗っ取り、二六五年に司馬炎が晋(しん)を建国する。

二八〇年、晋は呉を滅ぼし、中国を再統一するが、晋による統一も長続きしなかった。中国が混乱の時代に突入するなか、日本の弥生時代も終わりを迎えていく。

◉日中関係史を知るキーワード　稲作

日本列島への稲作の渡来ルートをめぐる二つの説の真相は？

二〇〇五年、岡山の彦崎(ひこざき)貝塚の縄文前期の地層から、イネのプラントオパール（細胞成分）が大量に見つかった。これは、日本における稲作の常識をひっくり返す大発見だった。

彦崎貝塚は、約六〇〇〇年前の地層、縄文中期にあたる。この時期、もしも稲作が行われていたとすると、陸稲だったとしても、日本最古の稲作の痕跡ということになる。しかし、それだけで話はすまない。稲作の日本への伝播ルートにもかかわる問題なのだ。

そもそも、長江下流域で発祥した稲作が、どのようなルートで日本に伝わってきたかについては、いくつかの説があったが、近年の科学的調査の結果、二つに絞られてきている。

ひとつは、黄海横断ルート。華北から山東半島を通り、黄海をわたって、朝鮮半島の南西海岸に着き、そこから九州北部に伝播したというルートだ。

もうひとつは、対馬暖流ルート。長江下流から対馬暖流に乗って東シナ海を北上し、直接、北九州に伝播したというルートだ。

しかし、約六〇〇〇年前から日本で稲作が行われていたとすると、朝鮮半島で確認された炭化米（約四〇〇〇年前）よりも古いことになり、稲作は、朝鮮半島を経由せずに、直接日本に伝わった可能性が高い、ということになる。つまり、黄海横断ルートではなく、対馬暖流ルートが有力になってくるのだ。

そうなると、朝鮮半島ではじまった稲作は、反対に日本から伝わったものである、という説も登場してくるのだ。

◉日中関係史を知るキーワード　銅銭

なぜ弥生時代の遺跡から、中国の銅銭が出土するのか？

岡山県の高塚（たかつか）遺跡は、弥生時代後期の遺跡である。同遺跡の貯蔵穴のような場所からは、「貨泉（かせん）」と呼ばれる中国の銅銭が二五枚も発見されている。

弥生時代の遺跡から中国の銅銭が出土するのは、そうめずらしいことではない。過去にも、長崎県壱岐（いき）の原（はる）の辻（つじ）遺跡、京都府の函石浜（はこいしはま）遺跡、大阪府の瓜破（うりわり）遺跡など、一〇カ所以上の遺跡から、貨泉が出土している。しかし、これらを全部合わせても、計一六枚で、一度に二五枚も見つかったのはひじょうに多いといえる。

貨泉とは、中国の王朝・新が鋳造した貨幣のこと。新は一世紀前半、前漢と後漢の間のわずか一五年間しか存在しなかった王朝で、貨泉が後漢になってもしばらくは流通していたとはいえ、せいぜい数十年ほどの短期間しか出回らなかった貨幣である。そのわりには、中国西南部から朝鮮半島まで広がっていて、日本でも出土するのだ。

では、なぜ中国の貨幣が日本にあるのか？　普通に考えれば、中国（新）と交易していた、ということになるだろうが、当時、日本ではまだ貨幣経済が成立していなかった。それなのに、いったいなぜ「貨泉」があるのか？

これには、二つの有力な解釈がある。ひとつは、外国の珍しい〝宝物〟として珍重したという説。当時、すでに多くの渡来人が来日し、先進国であった大陸からさまざまな技術を持ち込んでいた。そこで、「中国の、なにやら貴重なものらしい」ということで、権力者らが貨泉を大事にしていたのではないか、という説だ。

もうひとつは、溶かして青銅器の材料にしていた、という説。当時、すでに青銅器を鋳造する技術が存在し、青銅製の銅鐸などが出土している。そうした青銅器をつくるための材料として、銅銭を手に入れていたという説もある。

どちらの説が正しいのか、学術的にはまだ決着はついていない。

第二章

古墳・飛鳥時代

古墳・飛鳥時代の日本

▼ヤマト政権はいかに誕生し、どう勢力を拡大したか

三世紀後半の日本では、西日本を中心に、大規模な前方後円墳が多数造られていた。なかでも、大規模な古墳が集中しているのが、現在の奈良県にあたる大和地方である。これは大和の地に、広域の政治連合が形成されていたことを物語っている。

その近畿地方の勢力によって作られた政治連合を「ヤマト政権」という。以前は「大和朝廷」とも呼ばれたが、天皇制がまだ確立していない時代の政権を「朝廷」と呼ぶのもおかしいので、「ヤマト政権」と表すようになった。

ヤマト政権が存在した証拠は、朝鮮半島にある高句麗好太王碑(こうたいおう)にも刻まれている。その碑文には、「倭は三九一年に百済や新羅を破り、従えた」という意味のことが記されている。つまり、その頃には、海外に攻め入る力を備えた勢力が日本国内に成立していたことになる。

さらに、『宋書』倭国伝によると、五世紀のはじめ頃から、倭の五王(讃(さん)・珍(ちん)・

済・興・武）が朝鮮半島での立場を有利にするため、中国の南朝に朝貢したとある。その五王のなかでも、実在が実証される最古の天皇として知られるのが、倭王武に比定されるワカタケル大王こと雄略天皇である。

ヤマト政権は、五世紀後半から六世紀になると、関東地方から九州中部におよぶ地域を支配するようになっていた。そのことは、埼玉県の稲荷山古墳や、熊本県の江田船山古墳から出土した鉄刀の銘に、大王の名前が記されていたことからもわかる。ヤマト政権は、氏姓制度とよばれる身分秩序を作り上げ、地方豪族たちをまとめあげていったのだ。

しかし、大王の権力の拡大に対して、地方の豪族の抵抗がないわけではなかった。なかでも、大規模な反乱となったのが、六世紀はじめにおきた「磐井の乱」で、筑紫国造磐井が新羅と組んで抵抗したため、ヤマト政権はこれを平定するのに二年の月日を要している。

ヤマト政権はそうした戦いを経て、地方豪族の地域的な支配権を保証しながら、その豪族から子女を出仕させたり、特産物を献納させたりして、彼らを支配下に置いた。

その頃、中国では、五八九年に隋が南北朝を統一し、朝鮮半島に進出しはじめたため、東アジアは激動の時代をむかえていた。

また、国内では、軍事と祭祀をつかさどる物部(もののべ)氏と、渡来人と関係が深い蘇我氏が、仏教を信仰するか否かをめぐって対立していた。物部氏は、氏族の祖先をまつる古来の神々を尊ぶことで、豪族連合政権をとることを選び、蘇我氏は、氏族とは無関係の仏教を選択することで、朝廷が氏族をまとめる中央集権国家を目指したのだ。

こうして、両者の考えは平行線をたどり、ついには五八七年に蘇我氏が物部氏を滅ぼし、仏教派が勝利をおさめた。そして蘇我氏は、ともに物部氏を倒した泊瀬部(はつせべ)皇子を崇峻(すしゅん)天皇とし、仏教中心の中央集権国家を作ろうと、新たな一歩を踏み出したのである。

ところが、蘇我氏の実力者である蘇我馬子(うまこ)は、自身が擁立した崇峻天皇と対立すると、天皇を暗殺してしまう。そして、敏達(びだつ)天皇の后を推古天皇として即位させ、政治の実権を握った。このとき、推古天皇の摂政となり、馬子とともに内政・外交に尽力したのが、厩戸皇子(うまやどのおうじ)（聖徳太子）である。

こうして、国内は、王権を中心とする中央集権国家へと整備が進められる一方、六〇七年には、遣隋使として小野妹子が中国に渡るなど、外交も再開された。

また、六世紀の末頃から、今日の奈良県にあたる飛鳥の地に、大王の王宮が次々と造営され、都として機能するようになった。飛鳥では、飛鳥寺や法隆寺といった寺院の建立が行われ、古墳に代わって寺院が権威を象徴するものとなった。

そうしたなか、六一八年に唐が隋を滅ぼし、ついで高句麗に侵攻を始めると、日本国内でもさらなる中央集権の強化と国内統一が求められるようになった。そこで、蘇我入鹿が厩戸皇子の子である山背大兄王を滅ぼし、さらなる権力集中をはかるが、王族中心の政治をめざす中大兄皇子と敵対し、六四五年に入鹿は中大兄皇子らによって暗殺された。以前は、このクーデターそのものが「大化の改新」と呼ばれてきたが、現在はこの事件は「乙巳の変」と呼び、その後に続く諸改革を大化の改新と呼んで、区別している。

乙巳の変の後、王族の軽皇子が即位して孝徳天皇となり、中央集権化を進める諸改革が断行された。その後も斉明天皇（皇極天皇の重祚）の時代に、白村江の戦いで唐と新羅の連合軍に大敗したが、豪族の編成は進められ、六六八年には、中大兄皇子が即位して天智天皇となり、その二年後には最初の戸籍である庚午年籍を作成した。

天智天皇亡きあとも中央集権化は進み、天智天皇の弟である大海人皇子が、同天皇の子の大友皇子を倒し、天武天皇として即位すると、天皇を中心とした中央集権的国家体制はいっそう強固なものになった。

そして七〇一年には、刑部親王や藤原不比等らの手によって、大宝律令が完成。律令は古代国家の基本法で、律は刑法、令は政治・経済など一般行政に関する規定にあたる。この日本史上はじめての本格的な律令となった大宝律令の完成をもって、日本もようやく隋や唐に続いて、律令国家の仲間入りを果たしたのである。

晋、五胡十六国、南北朝時代から、隋、唐の隆盛まで

四世紀初頭、晋の統一からわずか二〇数年後、中国大陸は遊牧民族の侵入によって大混乱に陥っていた。日本史で四世紀が「謎の四世紀」とされているのは、この

混乱によって、中国が本格的な史書をつくる余裕を失い、倭国（日本）に関する記述がほぼ残っていないためである。

混乱の発端は、三〇六年に起きた八王の乱である。この乱は晋王朝内の勢力争いだったが、その勢力争いに遊牧民族の軍団が援軍として加わった。そのなか、匈奴の劉淵が皇帝を名乗るほどに勢力を伸ばし、その子・劉聡は晋の都・洛陽を陥落させ、晋を滅ぼす。

晋の残党は江南（揚子江の南）に逃れて、三一七年、王朝を再興する。それが、東晋だ。それまで江南は後進地域だったが、東晋時代から開発が始まり、やがて歴代王朝の経済基盤を支える地域になる。

一方、華北では遊牧民族の流入がつづき、五胡十六国時代が訪れる。五胡というのは、匈奴、羯、鮮卑、氐、羌の五族であり、彼らが次々と国を打ちたてては、新たな侵入者に滅ぼされていった。

五胡十六国時代は約一三〇年つづき、五世紀前半にようやく統一王朝が華北に出現する。鮮卑の拓跋氏が樹立した北魏王朝である。一方、江南では、東晋のあとに、宋、斉、梁、陳と王朝が入れ替わり、北魏の華北支配以降、中国は南北朝時代に突入した。

南北朝時代の中国では、仏教が盛んになった。中国に侵入、建国した周辺民族は、中国古来の儒教文化に反発し、西方からもたらされた外来の仏教に共感を覚えたのだ。また、混乱のつづく中国にあって、儒教では人は救済できず、魂の救済を説く仏教が支持されたのだ。北魏時代に、雲崗(うんこう)や竜門での巨大石窟寺院の建設が始まった。

また北魏は、新たな制度を工夫し、のちの隋・唐帝国に影響を与えている。土地制度では均田制を実施、これはのちの隋・唐時代に整備され、日本の班田収授法にも影響を与えることになる。北魏は洛陽に本格的な都を築き、これもまた隋、唐、日本などの都城造営に影響をおよぼした。

北魏は、やがて中国文化に同化しようとする漢化政策を進めるが、鮮卑族の軍人らが反発、混乱を招き、東魏と西魏に分裂する。西魏は北周に取って代わられ、楊(よう)氏が北周を乗っ取り、五八一年に隋を建国する。隋は、五八九年に南朝の陳を滅ぼし、およそ三世紀ぶりに中国を統一した。

隋の楊氏は、北魏の北方警備に当たっていた軍事集団の末裔である。彼らは鮮卑系の一族であり、のちに唐帝国を築く李氏もまた同じ軍事集団の一員である。北魏、隋、唐は、鮮卑系という一つの糸で結ばれているのだ。

隋は北魏のシステムを改良しつつ、独自のシステムも採用した。官吏登用試験である科挙を導入、税制では租庸調制を採用した。後に、これを日本が真似る。さらに、長安にあった漢以来の都を放棄し、その近くに新たに都城を築き、これが唐の長安に引き継がれる。

隋は、二代目の煬帝（ようだい）の時代に、最盛期を迎え、そして滅亡に向かう。煬帝は大運河工事を開始、北の黄河と南の長江を結び付けた。これで、江南の富が華北にもたらされるようになり、大運河は以降、中国物流の大動脈として活用され、いまも利用されている。

また、煬帝は外征を重ね、中国の領土を広げた。まずは、対突厥（とっけつ）である。突厥は六世紀半ば以降、モンゴル高原で強大化し、中国の北方を脅かしていた。突厥が内紛によって東突厥と西突厥に分裂した後、煬帝は東突厥を服属させる。南方では、ベトナムの林邑（チャンパー）を圧迫した。

一方、煬帝が墓穴を掘ることになったのが、東方の高句麗戦である。高句麗遠征は突厥と高句麗が同盟するのを恐れてのことだったが、高句麗遠征は三度とも失敗に終わる。すると、大工事と度重なる遠征で疲弊しきっていた農民が反乱をおこした。乱が治まらないなか、煬帝は六一八年、家臣に殺害され、国内の混乱状態は加速する。

隋に取って代わったのは、李淵・李世民父子による唐帝国である。彼らは隋末の混乱の中、長安を奪い、反乱勢力を平定していった。

六二八年、中国大陸は唐によってふたたび統一される。唐帝国の基盤をつくったのは、二代目皇帝の太宗（李世民）である。彼の治世は「貞観の治」と讃えられている。

唐帝国は、隋に引き続いて、突厥と高句麗と戦った。六三〇年、東突厥を崩壊に追い込み、六五二年に中央アジアの西突厥を滅ぼすものの、東突厥が再興したので、唐は引き続き突厥と戦うことになる。対高句麗では、唐は朝鮮半島の新羅と結び、まずは高句麗と結んでいる百済を滅ぼした。こののち、孤立した高句麗を滅ぼしている。この過程で、日本は、百済を応援し、白村江で唐・新羅の連合軍に惨敗を喫している。

その唐は、歴代中国王朝の中でも、飛び抜けて国際性が豊かな帝国だった。中央アジアからはイラン系のソグド人らが都の長安を訪れ、イスラム商人が東南アジアを経由して、揚州や広州にやって来た。東アジアからは留学生が訪れ、唐の都市は国際性にあふれていた。日本からも遣唐船が送られ、空海や最澄によって平安仏教の礎となる経典が持ち帰られた。

また、ソグド人ら西方の商人たちがもたらしたのは、物品だけではなかった。ササン朝ペルシャで栄えたネストリウス派のキリスト教、ゾロアスター教、マニ教などが流入し、それぞれの寺院が建てられた。唐帝国は、それら異国の宗教に寛容だったのだ。ネストリウス派キリスト教は中国では景教と呼ばれ、のちに七八一年に大秦景教流行中国碑（たいしんけいきょうりゅうこうちゅうごくひ）が建てられている。

◉日中関係史を知るキーワード　前方後円墳

朝鮮半島でも前方後円墳が見つかっているわけは？

釜山からバスで約二時間ほどの地に、松鶴洞古墳群がある。一九八三年、この古墳群がちょっとした論争を巻き起こした。それまで、日本固有のものと思われていた前方後円墳がじつは韓国にもあったと、この古墳が紹介されたからだ。

しかも、それをもとに「前方後円墳は、大陸から朝鮮半島を経由して、日本に伝播した」という新学説を唱える韓国の研究者も現れた。

しかし、その後の調査で、この松鶴洞一号墳は、三つの円墳が重なったもので、前方後円墳ではないことが判明する。ただ、それで論争に終止符が打たれたかというと、そうではなかった。その後、新たに十基前後の前方後円墳が朝鮮半島で発見されているからだ。

果たして、前方後円墳は日本固有のものなのか。それとも、中国大陸や朝鮮半島から伝播してきたものなのか？

　これについて、明確な結論は出ていないが、今のところ、日本の弥生時代の墳墓から独自に発展して成立したという見方が有力だ。

　その根拠は、韓国の前方後円墳は、五世紀末から六世紀末のものがほとんどで、日本のものより古い例が見つかっていないこと。すると、こんどは、なぜ朝鮮半島に前方後円墳があるのか、という疑問がわいてくる。

　朝鮮半島の前方後円墳は、馬韓（ばかん）という限られた領域に集中している。この地域には他所ではみられない独特な埋葬方法があり、副葬品のなかから鳥足文（ちょうそくもん）土器という土器が発見される。それは、北九州でも発掘されたことがあるものだ。

　この地は当時、倭国と縁のある武寧王（ぶねいおう）が支配していた。武寧王には、倭人も官吏や軍人として仕えていたので、彼らの中には死後、古墳におさめられるような身分の高い者がいたと考えられる。半島の前方後円墳は、そうした人々を埋葬するためにつくられたのではないかという説が浮上している。

◉日中関係史を知るキーワード　倭の五王

倭の五王と中国はどんな関係にあった？

前述したように、倭の五王とは『宋書』倭国伝に登場する倭の国の王で、讃（さん）・珍（ちん）・済（せい）・興（こう）・武（ぶ）の五人を指す。この五人の名前が中国の記録に残っているのは、漢滅亡後に成立した宋に朝貢したという記録があるからだ。

朝貢は、西暦四一三年から五〇二年まで、少なくとも計九回行われている。回数を特定できないのは、記録に残っていても事実ではないと考えられるものもあるからだ。

では、倭国は朝貢の見返りに何を求めたのだろうか？　そのひとつは、軍事的称号だったと考えられる。まずは、讃が宋の高祖から、なんらかの官職・爵位を与えられたようだ。

続く珍は「使持節都督倭・百済・新羅・任那・秦韓・慕韓六国諸軍事安東大将軍倭国王」という称号を認めるように宋に求めた。平たく言えば、「倭・

百済・新羅・任那・秦韓・慕韓の六国の大将軍ということにしていただけないでしょうか」と打診したのだ。その結果、それはちょっとムリだが、「大」をとって「将軍」ならよかろう、ということになった。以降、宋と倭の間で、こうした称号をめぐる駆け引きが続くことになる。

当時、朝鮮半島では、百済、新羅などが群雄割拠して覇権を争っていた。そこに倭もなんとか食い込もうとしていたのだろう。そして、それらの〝小国〟の上位にいた大国が、宋王朝だったので、倭国のみならず、百済、新羅なども、しきりに宋に取り入って、より優位な立場を認めてもらおうと争っていたのだ。

結果はどうなったか？　倭国は、ついに百済や高句麗よりも優位の称号を与えられることはなかった。宋にとって最も遠い倭国は、それほど重要な同盟国ではないと判断されたようだ。

ところで、讃・珍・済・興・武という五王の名は、中国での名称であり、日本の史書には登場しない。王というからには天皇だろうと思われるが、いったいどの天皇を指すのか、諸説があっていまだ特定されてはいない。ただし、讃は履中天皇、珍は反正天皇、済は允恭天皇、興は安康天皇、武は雄略天皇という説が有力だ。

◉日中関係史を知るキーワード　蘇我氏

蘇我氏の出自をめぐる気になる噂の真相とは？

飛鳥時代の有力豪族に蘇我氏がいる。天皇家と血縁を結ぶことと軍事力によって権力を握るが、乙巳の変で蘇我入鹿が殺され、本家は滅びることになる。この蘇我氏、その出自については謎が多く、渡来人の子孫であるという説もある。

『日本書紀』によると、五世紀後半、百済に木満致という官人がいた。その木満致が王母と〝不適切な関係〟になったので、応神天皇が日本に呼んで叱った。その木満致が蘇我満智であり、そこから蘇我氏は始まったという。

蘇我氏の系図には、満智以前に、蘇我石川宿禰、武内宿禰などの名があるが、これらは後世の創作ともされている。

また、朝鮮の史書『三国史記』には、木満致と同一人物とみられる百済の「木刕満致（もくらまんち）」という人物が、「高句麗の軍に追われて、王子文周とともに南に逃げた」と記されている。この「南」が日本を指している可能性もある。

また、蘇我氏が本拠地にしていた飛鳥には、百済からの渡来人一族・東漢氏が住み着いていた。蘇我氏は彼らと良好な関係を保ち、新しい技術や知識を採り入れていたのだ。

その一方、蘇我氏渡来人説には、いくつかの疑問点もある。たとえば、『日本書紀』に「木満致」が登場するのは、四一四年（応神二五）のこと。一方、『三国史記』の「木刕満致」は四七五年と、若干の開きがある。ともに史実なら、応神天皇に日本で叱られた後に、百済にもどって、さらにまた「南」へ向かったことになる。

その他、いくつかの疑問点を考え合わせると、「蘇我氏渡来人説」、現時点では否定的な見方のほうがやや優勢といったところだろう。

◉日中関係史を知るキーワード　仏教公伝

仏教をめぐる蘇我氏と物部氏の確執の背景に何がある?

仏教は、紀元前五世紀のインドで生まれ、中国大陸を経て日本に伝わった。つまり、日本にとってそもそもは〝異国の宗教〟だったわけで、どこの国でも、外来の宗教を簡単に受け入れるものでないことは、古今東西の歴史をみても明らかなことだろう。仏教伝来は、はたしてすんなりと行われたのだろうか?

仏教の伝来時期については諸説があるが、今のところ五三八年説が有力。この年、百済の聖明王(せいめいおう)から欽明(きんめい)天皇に仏像と経論(きょうろん)が贈られ、「とっても尊い法であるので、貴国にこれを伝承する」と手紙が添えられていた。

欽明天皇はその教えに感銘を受け、受け入れるかどうか大臣たちに打診する。その頃、王権内で反目し合っていたのが、蘇我氏と物部氏だ。蘇我稲目(いなめ)は「大陸ではみな、仏像を礼拝しているので、受け入れましょう」という。

物部尾輿は「日本には八百万の神がいる。他国の神を祀れば、国神が怒るだろう」と主張した。

　そこで、欽明天皇は、蘇我稲目に〝実験〟をさせる。つまり、「ためしに朝夕、仏像を拝んでみよ」と命じた。すると、都に疫病が流行して死者が続出したので、天皇は仏像を難波の海に沈めてしまったという。

　その三二年後、今度は鹿深臣という人物が、弥勒菩薩像を持ち帰った。その仏像を蘇我馬子が礼拝すると、またもや疫病が流行した。しかし、馬子が熱心に礼拝しつづけるので、敏達天皇は私的な礼拝なら許すことにした。それをきっかけとして、仏教はじょじょに浸透していくことになる。

　といっても、当時の倭国に仏教文化を受け入れる下地はある程度あったと考えられる。その時代、多くの渡来人が日本に住み着いていたからだ。彼らの中には、すでに〝私的に〟仏教を信仰する者がいたに違いない。なお、蘇我氏が仏教の受け入れに熱心だったことは、蘇我氏渡来人説の根拠のひとつとなっている。

◉日中関係史を知るキーワード　遣隋使

遣隋使で派遣された小野妹子が紛失した隋からの返書の謎とは？

『日本書紀』によれば、遣隋使は六〇七年を最初に、翌六〇八年、さらに六一四年の計三回送られたことになっている。しかし、隋側の記録『隋書』によれば、六〇〇年にすでに第一回の遣隋使が訪れている。さらに、日本側の記録にはない、六一〇年にも使者が来たとあるから、五回は派遣されていることになる。

遣隋使には、大きく二つの目的があったとみられる。ひとつは、先進国であった隋の文化を学び、持ち帰ること。もうひとつは、外交である。

当時、隋は「冊封体制（さくほう）」といって、自らを天命を受けて近隣諸国を支配する君主と位置づけていた。つまり、朝鮮半島の高句麗、新羅、百済などを属国とみていたのだ。それに対し、日本の聖徳太子がとろうとした政策は対等外交であり、小野妹子を使者として例の国書を送りつけた。「日出づる処の天子、書を日没する処の天子に致す。恙無きや」という文句に、隋の煬帝は激怒したと言われる。それは、自らを「日出づる処の天子」と名乗ることの不遜以前に、同じ「天子」としての対等な物言いが、隋にとってはありえない話だったのだ。

それでも、煬帝は怒りをこらえ、返書をしたため、小野妹子に託すと、答礼の使いとして裴世清という人物を妹子に同行させた。

ところが、小野妹子はこの大事な国書を「百済で盗賊に襲われて盗まれてしまった」という。外交文書を紛失したとはむろん大問題だったはずだが、なぜか小野妹子は帰国後おとがめなし。それどころか、むしろ出世までしている。翌年には、裴世清を隋へ送り届けるという大役も仰せつかっている。これはいったいどういうことなのか？

そもそも、この対等外交自体が、聖徳太子のハッタリだったという見方がある。そうした強気の文書を大国に送りつける、という姿勢を見せることで、国内の対抗勢力に睨みをきかすことができる。しかし、返事の国書でボロクソに非難されたら元も子もないので、それをなくしてしまったことにしよう。と、すべては計算ずくだった、という説である。たしかに、そう考えれば、小野妹子におとがめがなかったのも納得がいく。

◉日中関係史を知るキーワード　隋書・東夷伝

一四〇〇年前の隋の人々は日本をどのように見ていた？

『隋書』東夷伝には、当時の日本の風俗や習慣などについて記されている。隋の使者からの報告や、日本からの使者に聞いた話をまとめたものとみられる。

それによると、倭国は、「百済や新羅の東南、大海の山島によって居する、島国」で、人々の服装は、「男性は肌着のようなものを着け、袖は小さい。靴は草鞋（わらじ）のようなかたちで漆（うるし）を塗ってある。庶民の多くは裸足である。髪を両耳の上に垂らしている。女性は、髪を後ろで束ねている。肌着のようなものを着け、裳裾（もすそ）には縁取りがある。竹を編んで櫛とし、草を編んでムシロとしている」とある。

日常生活については、「男女の多くが腕や顔に刺青をし、水に潜って魚を捕る。文字はなく、木に刻みを入れたり、縄に結び目をつくったりして通信する」。しかし「仏法を敬い、百済で仏教の経典を手に入れて、初めて文字を有した」とも書いてある。

「食事は、お盆やお膳はなく、樫の葉を敷いて、手を匙（さじ）のようにして使う」とある。今のインドでの作法とよく似ている。

刑罰については、殺人、強盗、姦通は、いずれも死刑。窃盗は、盗んだものと等価値のものを弁償させる。財産の無いものは体で払う、つまり奴隷とする。

また、取り調べの様子も記録されていて、なかなか口を割らない者は、木で膝を圧迫したり、弓を張ってうなじを打ったりしたというから、拷問まがいの尋問が行われていたようだ。

また、裁判では、沸騰した湯の中に小石を置き、双方が素手でこれをつかみ出す。すると、正直でない者は手が腫れるのだそうだ。また、蛇を甕（かめ）の中に入れて、双方でつかみ出す。正直でない者は噛まれる、という。

また、「人々はとても落ちついていて、争訟や盗賊は少ない」とか「性質は素直で、雅風である」などという記述もみられる。このあたりは、現代の〝外国人からみた日本人観〟とも共通するものがある。

◉日中関係史を知るキーワード　白村江の戦い1

日本が白村江で唐帝国と戦うことになった舞台裏は？

白村江（はくそんこう）の戦いの前には、当時の政権内で、相当の議論が重ねられたことだろう。なにしろ、白村江の戦いは、日本初の本格的な海外派兵だったのだから。

韓国の西海岸、現在の錦江河口付近の白村江で、倭国軍は百済軍と合流し、唐・新羅連合軍に対するが、こてんぱんに負けてしまう。唐の記録によれば「倭の船四〇〇隻を焚く、煙焔　天にみなぎり、海水皆赤し」。海に投げ出された戦死者の血で、海水が赤く染まったというから、中国流の大げさ表現を考慮しても、壮絶な戦場だったことがうかがえる。

それにしても、相手は大唐帝国、戦力の差は歴然としていたはずだが、倭国はなぜ無謀な戦いに挑んだのだろうか？

当時、朝鮮半島では、高句麗、百済、新羅が鼎立し、百済が新羅に侵攻して二つの城を攻め落とすと、新羅は唐と手をむすぶ道を選ぶ。百済は、唐と新羅に挟み撃ちにされ、滅亡したかにみえたのだが、生き延びた残党・鬼室福信が地方勢力をかき集めて反撃に出る。

そのとき、倭国は百済と同盟関係にあり、人質として王子・豊璋を滞在させていた。鬼室福信は倭国に対し、豊璋王子の返還と援軍を求めてきた。王位継承者として豊璋をたてることで、地方勢力をまとめる求心力にしようとしたのだ。

時の天皇は斉明天皇、実権を握っていたのは、その息子の中大兄皇子で、その五年前に、東北遠征で蝦夷を屈服させていた。皇子としては、そのときの指揮官・阿倍比羅夫を派遣することで、少なくとも唐・新羅と互角に戦えるという読みがあったのだろう。

もし、唐を向こうに回して互角に戦うことができれば、倭国はその後の外交交渉で、半島に利権を確保できると、計算していたはずだ。半島には鉄がある。鉄製の武具は、国内統一を図る上で欠かすことができないファクターなのだ。

ところが、結果は大敗。鉄をめぐる利権どころか、こんどは唐の報復に戦々恐々とすることになる。

◉日中関係史を知るキーワード　白村江の戦い2

白村江の戦いの敗北後、日本はどのように防衛力を強化した？

倭国は白村江で大敗を喫すると、外交方針を専守防衛へ一転させる。なにしろ、大国唐を敵に回したのだから、こんどは唐が勢いに乗じて倭を攻め落としに来る、という可能性を想定しなければならなくなったのだ。

さっそく中大兄皇子は九州北部沿岸に防人(さきもり)を置き、大宰府に水城(みずき)、大野城、基肄城(きいじょう)、長門城などの要塞を次々とつくらせた。

防人は主に東国から徴兵された農民で、任期は三年。家族と離れて単身赴任するのだが、その間、手当が出るわけでもなく、自給自足の生活を送らなければならなかった。加えて、働き手を失った家族も、大きな負担を強いられた。

水城などの築城には、地元の農民が駆り出された。水城は大宰府などを守るために築かれた巨大な土塁で、全長一・二キロメートル、高さは約九メートル。海側には、幅六〇メートル、深さ四メートルの外濠を掘り、土塁の内側にも内濠があったとみられている。

大野城、基肄城、長門城はいずれも山城で、小高い小山や丘を利用して築城された。そのうち、大野城は、大宰府北方の標高約四一〇メートルの四王寺山を囲むように、尾根を利用して土塁を築いた中に、建物や倉庫を置き、長期の籠城にも耐えるように設計されていた。そういった形式は朝鮮式で、百済から亡命してきた技術者によって築城された。

さらに皇子は、都を大和（奈良県）から近江（滋賀県）に移した。近江盆地は、周囲を山々に囲まれた自然の要塞。しかも、目の前には琵琶湖が開けているので、いざというときには、水路も利用できる。それになにより、白村江派兵の際に斉明天皇が亡くなり、その白村江でも大敗し、とよくないことが続いている。遷都して心機一転、という意味合いもあったのだろう。

こうして備えを整えたのだが、結局のところ、唐が倭国に攻め込んでくることはなかった。

◉日中関係史を知るキーワード　遣唐使

なぜ遣唐使は二七〇年もの間続くことになったのか？

第一回目が六三〇年、最後の二〇回目が八九四年。その間約二七〇年にわたって、多くの遣唐使が唐に渡った。もっとも、そのうちの何回かはいったん派遣が決定後、中止されたようで、実際のところ遣唐使が何回送られたかは、諸説があってはっきりしていない。なお、最後とされる八九四年の回も、大使に任命された菅原道真が中止を宣言したため、実際には渡航していない。

遣唐使の目的は、いくつかあった。というより、時代や情勢によって目的が変化した。当初、白村江の戦いの前は、主に外交が目的で、唐に朝貢して良好な関係を維持し、朝鮮半島の情勢についての情報を得るという任務が中心だった。

その時期、唐は、朝鮮半島で台頭する高句麗を押さえ込むことを当面の目標にしていた。唐にしてみれば、高句麗の背後に位置する日本と友好な関係にあることを示しておきたい。日本は、朝鮮半島での一定の地位を確保しておきたい。双方の思惑が一致して、日本は特別に「通常なら年に一度は朝貢してもらうところだけど、日本は遠いから二〇年に一度でよろしい」ということになった。

そうはいうものの、朝鮮情勢があわただしくなってくると、二〇年といわず数年ごとに渡航するようになる。ところが、日本は百済についたため、唐との関係が悪化し、白村江の戦いで惨敗。すると今度は、なんとか唐との関係を修復して、唐との〝関係を良好に保つ〟という意味合いで遣唐使を送るようになる。

八世紀に入ると、唐との外交関係が安定したので、遣唐使は文化使節という色合いが濃くなる。その人数はしだいに増え、最初の頃は二四〇〜二五〇人くらいだったものが、最後は六〇〇人を超えるまでになる。単に外交が目的であれば、そんな大人数は必要ないはずだ。

遣唐使が唐から持ち帰ったのは、さまざまな先進技術と仏像や経論だった。経論は、仏の教えである経典とその解説書のことで、七一七年に遣唐使に参加した玄昉（げんぼう）は、経論を五〇〇〇巻余りも持ち帰っている。また玄昉とともに帰国した吉備真備（きびのまきび）は、『唐礼』などの書物とともに、孫子の兵法、陰陽説、天文学、囲碁などを学んで、日本に持ち帰った。

その時期、唐文化はまさしく最盛期を迎えていた。当時の日本には、すべてが刺激的な文物だったのだ。

◉日中関係史を知るキーワード　大宝律令

大宝律令は中国のどんな法律を真似てつくられた？

遣唐使が日本に持ち帰ったもののひとつに、律令制がある。律とは刑法、令はおもに行政法を指す。簡単に言えば、律令とは、今で言う法律であり、律令制を採用することで日本は法治国家という道を選択した。

律と令がそろった日本初の「律令」は、七〇一年に発布された大宝律令。それ以前にも「近江令」や「飛鳥浄御原令」などがあったが、いずれも「令」だけで「律」が備わっていないし、その実在自体を疑う研究者もいる。

「大宝律令」は、六五一年、唐で編纂された永徽律令を手本としている。おそらく、六六九年の第七回遣唐使が持ち帰ったか、当時親交のあった百済などの朝鮮半島諸国を経由して持ち込まれた可能性が高い。

この〝中国版〟の律令を手本に、藤原不比等・刑部親王・粟田真人・下毛野古麻呂らの手によって編纂されたのが、大宝律令だ。

その内容は、基本的には中国の制度を真似ているのだが、日本独自の部分もある。たとえば、役人の採用のしかた。中国には科挙という高難度の試験があり、合格すれば、どんな階級の出身者でも、役人となって国の中枢に関わることができる。

一方、日本の採用制度は、基本的に血筋とコネが維持された。官位は正一位を筆頭に三〇階層あったのだが、一位から三位（さんみ）までを「貴」、四位～五位を「通貴」などとし、家柄の〝格〟で区別した。だから、どんなに努力しても上位には出世できない〝格〟の者もいれば、逆に家柄が「貴」であれば、社会人一年目でいきなり五位からスタート、ということもあった。

第三章

奈良・平安時代

奈良・平安時代の日本

▼貴族の時代に繰り広げられた権力をめぐる攻防

七一〇年（和銅三）、元明(げんめい)天皇は、藤原京から現在の奈良市西郊の平城京へと遷都した。以後、平安京に遷都するまでの八〇年余りを奈良時代という。

この時代は、藤原不比等(ふひと)をはじめとする藤原家が政界に進出し、大きな権力をふるった時代だった。まず、不比等は、娘の宮子を文武(もんむ)天皇に嫁がせ、その子供である聖武天皇にも娘の光明子(こうみょうし)を嫁がせ、天皇家と姻戚関係を作った。

そして、不比等が亡くなると、息子である武智麻呂(むちまろ)、房前(ふささき)、宇合(うまかい)、麻呂(まろ)の藤原四兄弟が台頭し、天武天皇の孫で有力な皇位継承者だった長屋王を策謀によって自殺に追い込んだ。

しかし、藤原四兄弟が権力を握ったのもつかの間、彼らは流行した天然痘によってあいついで病死してしまう。そこで、皇族出身の橘諸兄(もろえ)がかわって政権を握るが、その後、武智麻呂の次男である仲麻呂が光明皇太后と結んで力をのばし、橘諸兄の子の奈良麻呂を滅ぼした。そして仲麻呂は、淳仁天皇を擁立し、恵美押勝の名をたまわると、専権をふるったのである。

ところが、光明皇太后が死去すると、後ろ盾を失った恵美押勝は孤立し、淳仁天皇と不仲だった孝謙上皇と対立するようになった。孝謙上皇は聖武天皇の娘で、自身の病を治した僧道鏡を寵愛したことで知られる人物である。

こうした状況下、危機感をつのらせた恵美押勝は、七六四年（天平宝字八）に挙兵するが、逆に孝謙上皇に先制され滅ぼされた。そして、淳仁天皇にかわって孝謙上皇が返り咲き、称徳天皇として即位すると、天皇の寵愛を受ける道鏡が権力を握り、仏教政治をおこなったのである。

その後、称徳天皇は道鏡に皇位を譲ろうとしたが、その計画は和気清麻呂によって阻止された。そして、称徳天皇が七七〇年に死去すると、道鏡の権力は失墜した。

そうしたなか、次に天皇の位についたのが、天智天皇の孫である光仁天皇だった。光仁天皇は藤原百川らに擁立されて即位すると、道鏡時代に混乱した律令政治と国家財政を立て直そうと、政治再建策につとめた。

その光仁天皇の政策を受け継いだのが、光仁天皇の息子の桓武天皇である。父と同じく天智天皇系の桓武天皇は、道鏡などの僧侶が政治に介入することを防ぐために、七八四年（延暦三）、都を平城京から長岡京に移した。

ところが、ほどなくして、天皇の腹心で長岡京造営を主導した藤原種継が暗殺され、関与を疑われた早良親王も死亡するという事件がおこった。その後も、天皇の身内が亡くなるという不幸が相次ぎ、早良親王の祟りを恐れた桓武天皇は、再び都を移すことになった。

そうして、七九四年（延暦一三）に現在の京都に造られた都が、平安京である。平安京遷都後、源頼朝が鎌倉に幕府をひらくまでの約四〇〇年間を、平安時代という。

桓武天皇は、平安京造営のほかに、蝦夷征討をおこなうなど、朝廷の権力を大きく伸ばした天皇だった。その桓武天皇の跡を継いだのが、平城天皇と嵯峨天皇である。

なかでも、嵯峨天皇は、父の桓武天皇とならんで強い権力を握った天皇だった。八一〇年（弘仁元）には、平城上皇に寵愛されていた藤原薬子が、兄仲成とともに実権を握ろうと平城上皇の重祚を願って反乱をおこしたが（薬子の変）、嵯峨天皇は迅速に兵を出してこれに勝利している。

そうしたなかで、天皇家と結びつきを強め、勢力をのばしたのが、藤原房前を祖とする藤原北家だった。たとえば、藤原良房（よしふさ）は、天皇家以外で初の摂政となり、良房の甥の基経（もとつね）は、日本史上初の関白に就任している。

一時は、藤原氏を外戚としない宇多天皇が即位したため、菅原道真が活躍した時代もあったが、醍醐天皇の代になると、道真は藤原氏の策謀によって政界から追放され、再び藤原北家が政治の実権を握ることになったのである。

しかし、今度は藤原氏の内部で、摂政や関白の地位をめぐって、勢力争いが起こった。その権力闘争を勝ち抜いて、一〇世紀末の朝廷で権勢をふるったのが、藤原道長である。道長は、四人の娘を宮中にあげ、三〇年にもわたって摂関政治をおこなった。この時代の藤原家の勢力は安定しており、道長の息子の頼通（よりみち）も摂政・関白などをつとめた。

しかし、藤原家がおこなった摂関政治は、頼通の時代を最後に衰退した。頼通の娘に皇子が生まれず、藤原氏を外戚としない後三条（ごさんじょう）天皇が即位したためだ。

そして摂関政治に代わる政治システムとしてあらわれたのが、天皇が息子に譲位し、自らは上皇や法皇として政治を行う、「院政」というスタイルだった。院政は白河・鳥羽・後白河と三代にわたって一〇〇年余りも続き、その時代に着実に勢力を拡大していったのが、上皇の親衛隊である武士たちだった。

そうしたなか、一一五六年（保元元）に鳥羽上皇が亡くなると、崇徳上皇と後白河天皇の対立が激化し、平安京で初の戦乱である保元の乱が起こった。崇徳方には平忠正や源為義がつき、後白河方には平清盛と源義朝がつくなど、一族相乱れての戦闘を繰り広げることになったのである。

結果は、後白河方が勝利し、崇徳方の大敗に終わった。そして、その後に起きた平治の乱で活躍した平清盛が、武士でありながら貴族社会のなかで累進を重ね、武士としてはじめて太政大臣の地位に上りつめた。

そして「平氏にあらざれば人にあらず」といわれるほどの独裁体制を固めるが、この平氏の慢心が人々の心に不満を抱かせ、足掛け六年におよぶ源平合戦が始まることになる。

唐の混乱から、五代十国、宋、金の登場まで

日本が奈良時代に入るころ、中国では唐帝国が繁栄の時代を築いていた。七一二年に玄宗が皇帝の地位につき、彼の前半の治世は「開元の治」と呼ばれている。唐帝国全盛の時代、とりわけ盛んになったのが詩文である。李白、杜甫、孟浩然、王維らの詩は今もよく知られている。

だが、八世紀後半になると、唐の繁栄にも綻びが見えはじめる。七五一年、唐は、中央アジアのタラス河畔の戦いで、イスラム帝国のアッバース朝に破れ、西域での支配力を失う。そして、七五五年に安史の乱が勃発する。

安史の乱を起こしたのは、安禄山とその部下の史思明である。安禄山はソグド系の軍人で、玄宗に重用されていた。やがて、玄宗が愛人の楊貴妃に溺れると、楊氏一族が台頭し、安禄山の地位が脅かされる。安禄山は、将来への不安から、楊氏打倒の兵を挙げたのだ。

安禄山に攻められて長安は陥落、玄宗は蜀に逃亡する。その途中で、将兵の間に不満が生じ、玄宗は楊貴妃を殺害しなければならなかった。反乱勢力はいよいよ勢いを増し、唐の力では収拾不能となり、唐はモンゴル高原のウイグルに加勢をあおぐ。ウイグルは、突厥を滅ぼし、モンゴル高原の新たな支配者となっていたのだ。唐は、ウイグルの加勢によって、九年間におよんだ安史の乱をなんとか終息させる。

しかし、乱をおさめても、唐帝国にかつての栄光は戻らなかった。以後、唐王朝は衰退の一途をたどり、日本で平安時代が始まるころには、その衰えぶりがいっそう顕著となる。八四五年には、武宗によって「会昌の廃仏」が行われた。この宗教弾圧によって、仏教だけでなく、景教、ゾロアスター教、マニ教など、外来の宗教がすべて否定された。国際性豊かな唐帝国は、すでに見るかげもなかった。

八七五年、唐の衰退を決定づける黄巣（こうそう）の乱が起きる。乱の前に唐は無力だったが、黄巣の配下にあった朱全忠（しゅぜんちゅう）の寝返りによって、なんとか平定する。しかし、朱全忠に実権を奪われ、九〇七年、ついに滅亡に追い込まれる。

朱全忠は、唐に代わって後梁（ごりょう）を打ち立てるが、すぐに後唐に取って代わられる。唐滅亡以降、王朝は猫の目のように変わり、地方にも独立政権が誕生した。この時代を五代十国時代という。

五代十国時代を終わらせたのは、趙匡胤（きょういん）が建てた宋である。趙は九六〇年に宋を建国、首都を開封とした。宋は当時、世界でもっとも豊かな国であり、高い産業力を誇った。この時代には、江南開発がさらに加速し、加えて燃料革命が起きた。石炭を燃料とするようになり、その高温の燃焼力によって製鉄技術が飛躍的に向上したのだ。鉄は農器具に利用され、農業生産の拡大に役立った。

また、宋の時代には羅針盤（らしんばん）が発明され、海洋貿易が活発化した。唐の時代、すでにイスラム商人が船で中国にやって来ていたが、宋代には中国人自身が数百トンクラスの船を建造し、海洋交易に繰り出すようになった。印刷術も進化し、出版文化が栄えた。宋代は、中国史上もっとも科学技術が進歩し、実用化がすすんだ時代だった。

その一方、宋王朝は軍事的には脆弱だった。唐末から五代十国時代にかけて、中国北方では新たな民族が勃興し、中国王朝に挑戦を始めていた。まずは、九一六年にモンゴル系の契丹（キタイ）族が遼を建国する。遼は、宋に攻勢をかけて、一〇〇四年、宋との間に澶淵（せんえん）の盟約を結ぶ。宋は、毎年多額の贈り物を遼に与えなければ、国境線を維持できなくなった。

その後、チベット系のタングート（党項）族が一〇三八年に西夏を建国、これまた宋に軍事攻勢をかける。宋は遼と結んだ盟約に似た和平を西夏との間に結び、ここでもお金で平和を買うはめになった。

次に登場したのが、満州に勃興したツングース系の女真族である。彼らは半農半牧の民だったが、やがて彼らを支配していた遼軍を撃破し、一一一五年金帝国を建国する。宋は、金と結んで遼に奪われていた地域の奪回を図り、遼は金帝国によって滅亡する。その後、金と宋は〝金銭問題〟でもめ、怒った金は宋の都・開封を陥落させる。これで宋王朝はいったんとだえ、逃れた者らが一一二七年、江南に南宋を建国する。

こうして、中国大陸は、北の金帝国、南の南宋の南北朝時代を迎えた。

◉日中関係史を知るキーワード　鑑真

やっとの思いで来朝を果たした鑑真を待ち受けていた事態とは？

日本に渡ってきた僧、鑑真（がんじん）はもともと中国揚州の大明寺の住職だったころから、その名は天下に知れ渡っていた。

鑑真が学んだ律宗は、僧尼が守るべき戒律を研究する宗派。本来、僧になるにはその戒を授かる儀式が必要だ。ところが日本には、「授戒」ができる僧がいなかった。そこで、日本僧の普照（ふしょう）と栄叡（ようえい）が授戒僧を探しに唐に向かい、鑑真を訪ね、誰か弟子を派遣してくれるよう懇願した。

ところが、命の危険を冒してまで、日本に行こうという弟子はいなかった。「それなら私がいこう。仏法のために命を惜しむことがあろうか」と鑑真。そのとき、鑑真は五四歳だった。

鑑真の日本到着は、それから一〇年後のことになる。船が嵐にあったり、弟子の密告で連れ戻されたり、途中、白内障で失明までして、七五二年、念願の来日を果たす。

鑑真は当初は大歓迎された。孝謙天皇の勅により、戒壇の設立と授戒について一任され、東大寺に住むことになった。東大寺大仏殿に戒壇を築き、聖武上皇から僧尼まで四〇〇名に菩薩戒を授けるなど、精力的に活動した。

ところが、そうした鑑真の働きを歓迎しない勢力もあった。鑑真の来日以前に〝日本式〟で僧侶となり、それなりの地位にいた人たちである。彼らは、今さら鑑真から正式な授戒を受けるわけにもいかず、正式な授戒を受けなければ、正式に授戒された僧よりも地位が低いことになってしまう。結局、鑑真は、そうした勢力との軋轢（あつれき）に疲れ、唐招提寺に隠居することになってしまう。

◉日中関係史を知るキーワード　道教

中国三大宗教の一つ道教が日本に与えた衝撃とは？

鑑真は七五二年、六度目の挑戦でようやく来日に成功するが、その出航直前に、当時の唐の玄宗皇帝は、鑑真の渡航を許可する代わりに、道士を連れて行くことを求めた。道士とは、道教の伝道者のことだ。

すると、遣唐大使の藤原清河は「天皇は道教を信仰していない」と言って、これを拒否。二〇年越しの念願だった鑑真の招聘もあきらめようとする。それを聞いた副使の大伴古麻呂が、こっそり別の船に鑑真を乗せたのだった。

道教は、中国の民間信仰から発展した宗教で、儒教、仏教と並ぶ中国三大宗教のひとつ。中心概念の道は、根源的な不滅の真理であり、修行を重ねて道と一体化することで、不老不死の仙人となることができるという。中国では、唐代に盛んになり、玄宗皇帝はその熱心な信者で、仏教よりもむしろ道教を重んじていたといわれるくらいだ。

ところで、遣唐大使の藤原清河は、なぜ道士の同行を嫌がったのだろうか。それは、道教を危険な思想・宗教ととらえていたからだろう。道教の一部をなす呪術信仰は、すでに古代から日本に伝わっており、鬼道と呼ばれていた。

呪いで人を殺すというのが、まさにその鬼道だ。

たとえば、七二九年、天武天皇の孫にあたる長屋王が、呪術をつかって皇子を呪い殺したとして自殺に追い込まれた。それは藤原氏の策略だったといわれるが、長屋王は道教に造詣が深かったともいわれる。その「長屋王の変」以来、道教は日本では邪教ということになった、という説もある。

しかし、道教は、まったく日本に伝わらなかったのかというと、そんなことはない。たとえば、陰陽師の操ったという術は道教の呪術に由来するといわれる。また、庚申信仰も道教の一部であり、日本各地に庚申塚があるのは、道教の影響の名残り。近年、さかんに〝信仰〟されている風水も、道教が関係する陰陽五行説を応用したものだ。

◉日中関係史を知るキーワード　新羅遠征計画

藤原仲麻呂が練り上げた幻の新羅遠征計画とは？

七五九年（天平宝字三）、藤原仲麻呂は新羅遠征計画を発表した。

藤原仲麻呂は、藤原氏出身者として初の皇后となった光明皇后の甥で、その娘である孝謙天皇の従兄弟。彼女らの信頼を得て、政界のトップに躍り出て、実権を掌握していた。

しかし、朝鮮半島への出兵をめぐっては、日本にはトラウマが残っていたはずだ。中大兄皇子の時代、白村江に出兵してこてんぱんにやられている。それなのに、なぜまた朝鮮半島へ兵を出すのか。今度は勝算があるのか。その頃、新羅は唐と友好関係にあったが、その唐で安禄山・史思明の反乱が起きていた。つまり、後ろ盾だった唐が混乱しているときこそ、新羅を倒すチャンスと、仲麻呂は考えたのだ。

仲麻呂は周到に準備した。軍船約四〇〇隻を造船するように命じ、同時に兵士四万人、水手一万七〇〇〇人からなる遠征軍の陣容を発表。節度使には、仲麻呂の子・恵美朝狩、百済国王の子孫・百済敬福、軍師学者・吉備真備の三人を起用――と計画は壮大だった。

しかし、この出兵計画が決行されることはなかった。

孝謙天皇が僧・道鏡を寵愛するようになり、道鏡と手を組んで、仲麻呂に一任していた国事を自ら取り仕切ろうとしたからである。後ろ盾をなくしたのは新羅ではなく、仲麻呂のほうだったのだ。窮した仲麻呂は、権力を奪還しようと兵を挙げるが、逆に追い詰められて敗死する。

この「藤原仲麻呂の乱」がなければ、つまり仲麻呂の計画が順調に進んでいたら、はたして目論見通り、新羅に勝てただろうか。これについては、さまざまに推測できるが、その頃、新羅は朝鮮半島を統一して勢いづいていた。また、唐の東北部で渤海（ぼっかい）が勃興していたので、唐と新羅は、軍事面での協力体制を強めていた時期でもあった。もしも日本が新羅に攻め込んでいたら、白村江の二の舞になっていたであろうことは想像に難くない。

◉日中関係史を知るキーワード　小野篁

名誉だった遣唐使船の乗船を拒否した小野篁の伝説とは？

遣唐使は今で言う特命全権大使のようなものだから、選ばれた者の大半は光栄に思った。ただ、中にはこれを拒否した者もいる。

小野篁（たかむら）は、小野という姓からわかるとおり、小野妹子の子孫。承和五年の遣唐使派遣の際に副使に任じられた。そのとき、大使は藤原常嗣（つねつぐ）だった。

その渡航はおおいに難航した。嵐に遭って破船したり、南の島に漂着したり、さんざんな目にあって、二度にわたって頓挫。なんとか三度目の出港にこぎつけるが、四艘あった船のうち二艘はすでに破船し、残りは常嗣が乗る第一船と、篁が乗る第二船のみ。そのさい、常嗣の乗る第一船の破損が大きかったため、篁の船と交換せよ、と勅命が下った。これに怒った篁は「病気」を理由に乗船を拒否してしまう。

それだけならまだ、篁に理があるといえるのだが、彼は「西道謡」という朝廷の遣唐使政策を批判する詩を書いてしまう。これが嵯峨上皇の逆鱗に触れ、隠岐に流刑となってしまった。なまじ文才があったのがいけなかったのか、それとも〝ひと言多い〟性格が災いしたのか。

この流刑は一年半ほどで許されて篁は帰京するが、このエピソードからもわかるとおり、この小野篁という男、相当の反骨精神の持ち主だった。そのため、世間からは「野狂」とも呼ばれていた。

さらに、篁には、この世と冥界を行き来し、閻魔大王の補佐役をしていたという言い伝えも残っている。

ある日、藤原良相（よしみ）という大臣が病気で他界した。閻魔大王の前に連れ出された良相がふと顔を上げると、小野篁が閻魔大王の傍らにいるではないか。そして「この男は正直者だから、許してやってほしい」などと、大王に進言している。

こうして生き返った良相が、内裏で篁に会ってこの話をすると、「私が若い頃、あなたは罪を犯した私を弁護してくれました。これはそのお礼です。決して人に話しなさるな」と言ったという。

この話は後に『今昔物語』に記録されて、後世まで伝わることになった。

◉日中関係史を知るキーワード　遣唐使廃止1

遣唐使廃止後、中国との貿易がかえって盛んになったのは？

二世紀以上続いた遣唐使は、八九四年（寛平六）、菅原道真の建言によって廃止された。道真は、廃止の理由として次の二つを挙げている。

一つは、渡航する海路が危険であること、そしてもう一つは、唐がすでに国家として衰え、学ぶべきものがないということだ。

たしかに、もはや朝廷が国費を使って遣唐使を送る必要性は薄れていたといっていいだろう。日本と唐の間の民間貿易が盛んになって、遣唐使を送るまでもなく、唐の知識や文物が入ってきていたからである。じっさい、唐の末期の八四一年（承和八）から、唐が滅びる九〇七年までの六〇年余りの間に、三七回も唐船が渡航してきた記録が残っているのだ。さらに、唐が滅びた後、宋王朝に対して、日本は正式な国交を開いていない。にもかかわらず、宋の貿易船は頻繁に来航していた。

当時の政権はそうした貿易に積極的で、大宰府を窓口にして輸出入が行われていた。九三一年（承平元）宇多法皇が亡くなった際には、愛用品を仁和寺の宝蔵に収めた記録があるが、その中には青磁茶碗や白磁茶碗など唐物道具が多数含まれていた。

とすれば、「遣唐使が廃止になったことで、国風文化が花開いた」という通説は、少々単純にすぎる見方といえるかもしれない。

◉日中関係史を知るキーワード　遣唐使廃止2

平安時代、一般人の渡航が禁止されていた事情とは？

遣唐使が廃止になった後も、民間レベルでの貿易は続いていたことは、前項で紹介した通り。物も人も、ずいぶんと行き来があった。

一〇七二年（延久四）に宋に渡った成尋（じょうじん）という僧は、自分が乗った宋船の三人の船頭がいずれも日本名を持っていたこと、大陸には日本名を持つ人が多くいること、なかには何度も日本に渡り、日本に住んだことがある人もいることを聞いて、驚いている。

なぜ驚いているのかというと、当時は一般人が行き来することは禁止されていたからだ。

後述する刀伊（とい）入寇の際には、対馬判官長岑諸近（ながみねもろちか）という人が、賊に連れ去られた母や妻子を助けに、海を渡っている。賊は、朝鮮半島に戻ったところを高麗軍に討たれて壊滅するが、気の毒なことに諸近の家族は、伯母一人を残して、みな殺されていた。

それでも諸近は、高麗から残った三〇〇人以上の捕虜たちを送り届けるという約束をとりつける。役人としては大手柄のはずだが、当の諸近は、帰れば渡航の禁を犯した罪で罰せられるだろうと思い悩んだと伝えられる。

では、いったいなぜ、朝廷は渡航を禁止したのだろうか。

そもそも、遣唐使が廃止されたのは、唐の政情が不安定となり、文化的にも衰退したことが原因だった。その後、大陸では、唐が滅亡し、五代十国の時代、宋の成立、渤海の滅亡、契丹（きったん）の台頭、高麗の半島統一という激動の時代が続く。朝廷の考えとしては、「そんなときには、下手に関わり合いにならないほうがいい」ということもあったのだろう。

◉日中関係史を知るキーワード　渤海使節

日本海を渡って何度もやってきた渤海使節の目的は？

渤海は、現ロシアの沿海地方に、七世紀末に興った国。高句麗の遺民である大祚栄により建国された。

その渤海からは、頻繁に使節が送られてきた。最初の使節がやってきたのは七二七年（神亀四）。以来、九二六年に渤海が滅びる直前まで、三四回にもわたる。

渤海使節の目的は、初期とその後では変化していく。最初は、政治・軍事的な同盟関係を求めるものだった。

八世紀前半、唐は新興国の渤海を警戒し、新羅と協力して牽制した。一方、渤海は日本と親交を結ぶことで、それに対抗しようとしたのだ。日本は当初、渤海を属国とみなし、使節の朝貢と解釈していたので、これをおおいにもてなした。

しかし、やがて渤海は外交方針を転換し、唐との融和を図るようになる。そうなると、日本と接する目的は外交というより、むしろ文化交流。平たくいえば貿易、ということになった。

渤海の使節がもたらす物産は、日本にとっては珍しいものばかりだった。テン、虎、アザラシなどの毛皮、ハチミツ、薬用ニンジン、三彩陶器。そうした品々は大いに珍重され、使節来航の知らせが届くと、公家たちはわれ先にと使者を派遣して、ひそかに取引を行ったという。

日本からは、絹や綿などの繊維製品、黄金、水銀などの金属、扇などの工芸品が持ち帰られた。そのうち、水銀は青銅仏の製作に使われたほか、不老不死の妙薬として珍重された。

渤海使節がもたらした重要な文物に、暦がある。八五九年（貞観元）の使節が、長慶宣明暦を朝廷に献上したのだ。それを受けて、朝廷は大衍暦を廃止して、この新暦を採用した。長慶宣明暦は、当時の唐でも採用されていた最新式の暦だった。

しかし、その二〇年後、唐ではこの長慶宣明暦を廃止。しかし、日本では遣唐使が廃止されたため、そのことを知らずにずっと使い続けることになる。その結果、江戸時代に貞享暦に切り替わるまで八二三年間、史上最も長く採用された暦となった。

◉日中関係史を知るキーワード　刀伊の入寇

女真族が襲来した刀伊の入寇を日本側はどうやって撃退した？

日本に上陸した外敵を撃退したという功績のわりには、その名を知られていないのが、藤原隆家である。

一〇一九年（寛仁三）、五〇隻の船団が対馬、壱岐を襲い、村々を焼き、住民たちを拉致・虐殺した。船団はさらに南下し、本土に上陸しようとした。賊は、三〇〇〇人ほどで、強力な武器を持ち、戦闘慣れしていた。いったい彼らは何者だったのか？

後に、捕らえた捕虜から「刀伊」という女真族の海賊船団とわかるのだが、当初は突然のことで、その正体がわからなかった。日本にとっては、正体不明の海からの侵略者だったのだ。

壊滅状態の壱岐から逃げ出してきた寺の和尚の知らせで、事態を知った大宰権帥の藤原隆家は、九州の豪族や武士たちを緊急招集し、それを迎え撃った。上陸しようとする賊と、水際で攻防を繰り広げる隆家軍。当初、戦力の整わない隆家側は劣勢を強いられるが、少数精鋭を率いての奇襲作戦でなんとか持ちこたえた。やがて、〝神風〟が吹いて、敵の船が身動きできなくなったすきに、態勢を整えて反撃、撃退した。

藤原隆家は、権力者にへつらうことなく、堂々と物を言う人物として知られ、「天下のさがな者（荒くれ者）」とも呼ばれていた。当時の大宰権帥が隆家であったことは、日本にとって幸いだったといっていいだろう。

刀伊の入寇撃退は、隆家をはじめとする役人や武士たちの活躍があってのこと。しかし、朝廷は、この国家的危機にまったく無策だったばかりか、功労者への恩賞も渋る始末だった。

ところで、刀伊と呼ばれる海賊は、なぜ日本を襲ったのだろうか。彼らの目的は「拉致」にあったとみられている。対馬、壱岐を襲った賊は、老人・子供を斬り殺し、成人男女をさらって、船に乗せた。船の上でも、病人とわかると簀（す）巻きにして海に捨てた。

彼ら女真族には農耕の習慣がなかったため、農耕民族の男女を拉致して働かせ、食糧を確保していたとみられる。日本を襲ったのも、そうした働き手の確保が重要な目的であった可能性が高いのだ。

●日中関係史を知るキーワード　日宋貿易

平清盛が日宋貿易に熱心だった本当の理由とは？

平安時代末期、平清盛は武士として初めて政権を掌握した。清盛は若い頃から頭角を現し、一二歳で従五位下、一八歳で従四位下と異例のスピード出世を遂げたことから、実の父親は白河法皇だったともいわれる。

やがて、「平氏にあらずんば人にあらず」といわれるほど、強大な権力と富を築くわけだが、その源泉は宋との貿易にあった。

日宋貿易は、もともと父（といわれる）忠盛が手がけていたが、保元の乱の後、後白河天皇の乳父の信西入道が独占。平治の乱で、信西らを破った清盛がこれを奪い返した。

清盛は日宋貿易の拡大に力を注いだ。それまで、北九州までしか来なかった宋船が、畿内にまで航行できるようにと、摂津の大輪田泊を整備。それが、後の神戸港になる。また、難所といわれた音戸の瀬戸を開削し、瀬戸内海航路の安全を見守る厳島神社を造営した。

宋への輸出品は、銅、金、硫黄、真珠と、日本刀などの工芸品。宋から輸入したのは、青磁などの陶磁器、絹織物、香料、それに大量の銅銭だった。その銅銭こそ、清盛躍進の秘密だった。

当時の日本では、鋳造技術が未熟だったため、流通に耐えうる貨幣をつくることができず、経済の発展を妨げていた。農業や産業が発達してくると、物品を流通させる必要がでてくる。そこで、米や絹などを軸に物々交換していたが、それでは流通に限界がある。

そこで、使われたのが宋の銅銭だ。宋銭は、清盛以前から日本国内で貨幣として流通していたが、清盛はこれを大量に輸入し、経済を活性化したのだ。日宋貿易を独占することで、いってみれば貿易と通貨、2つの経済ファクターを支配することになる。現代でいえば、商社と銀行の業務を独占するようなもの。清盛が大きな力をもつようになったのも当然のことだったといえるだろう。

◉日中関係史を知るキーワード　宋銭

中国の宋銭が日本の貨幣を圧倒し、広く流通することになったのは？

日本では、七〇八年（和銅元）の「和銅開珎（わどうかいちん）」以後、平安中期までの間に一二種類の国内銭（皇朝十二銭）が発行されていた。その最後は、九五八年（天徳二）に鋳造された「乾元大宝（けんげんたいほう）」である。

平安初期は、部分的にせよ、貨幣経済の時代といえ、平安京では、さまざまな物品と貨幣との交換レートを記した帳面が作成され、右京と左京で開かれた市での売買は、そのレートに従って行われていた。京都以外の諸国でも、農民から物品を仕入れる際の物と貨幣の交換レートが定められていた。つまり、平安時代には、国によって商品の値段が決められ、貨幣による商取引が行われていたのである。

ところが、一一世紀になると、貨幣の原料である銅が不足するようになる。

新たな銅銭をつくれなくなり、流通する量がしだいに減っていく。代替貨幣として東国の「調布」、西国の「米」などが用いられたが、一二世紀後半、政権を握った平清盛が宋との貿易を活発に行いはじめ、貨幣不足の日本に宋銭が大量に入り込んできたのである。

宋銭が日本の貨幣を駆逐したのは、額面の数倍の金額にも相当する青銅でつくられていたからである。北宋時代の絶頂期には、一年間に約六〇億枚の通貨が製造されたといわれるが、日本には一度の貿易で数百万枚が持ち込まれたとみられている。その元締めが平氏で、前項でも述べたように平氏は宋銭を輸入して流通させることで、一族の財政基盤の裏付けとした。

これに対して、平氏以外の貴族は、荘園で生産する米や絹を宋銭に交換しなければ、他の物品を買えなくなった。貴族の反発は大きかったが、宋との貿易を握った平氏の権力は、貴族以上に強大だった。

続く鎌倉時代には、平氏に代わって源氏が政権を握るが、宋との貿易は続けられ、公式に認められた宋銭が広く使われるようになった。やがて、年貢も宋銭で納められるほど、中国銭が流通した。

第四章

鎌倉時代

鎌倉時代の日本

▼日本初の本格的な武家政権はどうやって誕生した？

平氏の独裁に対する不満が高まるなか、一一八〇年（治承四）、ついに平氏打倒の兵があがった。後白河法皇の皇子・以仁王が決起し、全国の有力な武士に平氏追討を呼びかけると、平治の乱で伊豆に流されていた源頼朝や、信濃の木曾谷にいた木曾義仲らが蜂起したのである。

この内乱は全国に広がり、足掛け六年におよぶ源平合戦へと発展した。そのなか、平清盛の突然の死や、畿内や西国でおきた飢饉などが影響し、平氏一門は力を失っていく。

そして、一一八三年（寿永二）に北陸で木曾義仲に敗北したのをきっかけに、平氏は西国に都落ちし、ついには一一八五年（文治元）に壇ノ浦で滅亡したのである。

また、この一一八五年は、源頼朝率いる武家政権の政治支配が、全国におよんだ年でもあった。頼朝は、平氏の残党討伐と弟・義経の追討を口実に、諸国には守護を、荘園や公領には地頭を置くことを朝廷に認めさせたのだ。

そして、荘園を管理して税金徴収を行う権利や、諸国で実権を握っていた官人を支配する権限を獲得するなど、頼朝は、東国のみならず、西国までも支配下におき、武家政権としての鎌倉幕府を確立させたのである。

ちなみに、鎌倉幕府の成立というと、「イイクニ（一一九二）つくろう鎌倉幕府」の語呂合わせで知られるように、かつては頼朝が征夷大将軍に任命された一一九二年というのが通説となってきた。しかし、それ以前に、守護地頭が設置された一一八五年から幕府の政治力は全国におよんでいることから、近年では同年を幕府成立とみる説が有力となっている。この鎌倉幕府が成立してから、滅亡するまでの約一五〇年間を鎌倉時代という。

鎌倉幕府の支配機構は、シンプルで実務的なものだった。幕府の中央には、御家人を統制する侍所、裁判事務を担当する問注所、財政事務をつかさどる政所（まんどころ）が設置され、地方には守護と地頭が置かれた。

また、鎌倉幕府は、封建制度にもとづいて成立した最初の政権でもあった。封建制度とは、主人が土地を与えたり、権利を保証するのと引き換えに、従者が奉仕をする関係によって結ばれる支配形態のこと。

鎌倉幕府初代将軍の頼朝は、主人として御家人に土地を与えたり、先祖伝来の所領の支配を保証するなどして、御家人に恩を与えた。そしてその御恩を受けた御家人は、戦時に軍役をつとめるなどして、頼朝に奉公したのである。

しかし、成立したばかりの鎌倉幕府は、すぐれた指導者である頼朝が独裁の形で率いていた面があり、まだ盤石とはいえない体制だった。そのため、頼朝が一一九九年（建久一〇）に亡くなり、息子の頼家（よりいえ）と実朝（さねとも）の時代になると、有力な御家人の間で激しい内紛が勃発し、多くの御家人が滅んでいったのである。

そのなかで最初に頭角をあらわしたのが、頼朝の妻北条政子の父である北条時政だった。時政は孫の頼家を暗殺し、頼家の弟の実朝を三代将軍の座につけると、自身は将軍を後見する執権（しっけん）という地位につき、実権をにぎった。このように、北条氏が将軍の後見役をつとめながら政権を握る政体を「執権政治」と呼ぶ。

そうして、北条氏が勢力を伸ばす一方で、京都の朝廷では、後鳥羽上皇が院政を強化し、幕府との対立姿勢を強めていた。そして一二一九年（承久元）、実朝が頼家の遺児である公暁（くぎょう）に暗殺されると、後鳥羽上皇は、北条氏の勢力増大に反発する武士らを味方に引き入れ、倒幕作戦を実行に移したのである。

しかし、北条政子が、優れたリーダーシップを発揮して、御家人をまとめあげたこともあって、大多数の東国武士は北条氏側に味方した。結局、戦いは幕府の圧倒的な勝利に終わり、幕府は幼い天皇を廃し、後鳥羽上皇をはじめとする三上皇を配流した。この戦いを「承久(じょうきゅう)の乱」という。

こうして、朝廷との戦いに勝利した幕府は、朝廷を監視するために、京都に新たに六波羅探題(ろくはらたんだい)をおいた。そして、上皇側についた武士や貴族の所領を没収し、戦功のあった御家人らに分配したため、幕府の勢力は広く畿内・西国の荘園公領にもおよぶようになった。そして、三代執権北条泰時(やすとき)の頃に、幕府は発展の時期をむかえ、泰時の孫の時頼(ときより)の時代には、さらに執権政治が強化され、北条氏独裁の性格は強まっていった。

しかしながら、時頼の息子の八代執権時宗(ときむね)の代に、最大の危機が鎌倉幕府を襲う。一二七四年（文永一一）、かねて日本に朝貢を強要してきた元が、高麗の軍勢もあわせた約三万の大軍を率いて博多湾に上陸したのである。

この戦いに、一騎打ちを主とする日本軍は、集団戦を得意とする元軍を相手に苦戦する。ところが、元軍はすぐに退却、日本軍はいったん救われた。この一回目の元軍退却の理由は、いわゆる「神風」ともいわれてきたが、じつはよくわかっていない。

その七年後の一二八一年（弘安四）、元は再び襲来するが、こちらは天候が日本に幸いしたことがわかっている。暴風雨によって元軍の船が沈み、フビライ＝ハンによる日本遠征は失敗に終わったのである。しかし、蒙古襲来は、幕府の衰亡を早めることになった。御家人たちは蒙古襲来で多大な犠牲を払ったが、幕府から十分な恩賞を受けることができず、幕府に対する不満をつのらせていく。

そんななか、御家人の北条氏に対する不満を察知し、倒幕を目指したのが後醍醐天皇だった。後醍醐天皇は、倒幕に二度失敗して隠岐に流されながらも、息子の護良親王や楠木正成らの力を借り、幕府軍と粘り強く戦い続けた。

そして、幕府軍の指揮官だった足利高氏（後の尊氏）が天皇側に寝返ると、形勢は逆転。一三三三年（元弘三）、ついに鎌倉幕府は約一五〇年の歴史に幕をおろしたのである。

金の滅亡から、モンゴル帝国のユーラシア制覇まで

日本の鎌倉時代の大半、中国大陸はモンゴルに制圧されていた。

源頼朝が死去するころ、モンゴル高原では遊牧諸族が抗争を繰り広げ、チンギス＝ハンもまたその渦中にあった。モンゴル高原を支配下に置く金帝国がそうけしかけたからである。争いが絶えなかったのは、モンゴル同士を争わせることが、自国の北方の守りにつながると考えたのだ。金の支配者たちは、

だが、南宋が金に挑戦してくると、金にはモンゴルに関わる余裕がなくなった。その隙をついて、一二〇六年、チンギス＝ハンがモンゴル高原を征服し、モンゴル帝国を樹立した。

モンゴルは、すぐさま金に侵攻した。金の兵や農民は中国文化に親しんで、すでに本来の荒々しさを失っていた。モンゴルは金に回復不可能なほどのダメージを与えたのち、西征に向かう。中央アジアでムスリム系のホラズムを滅ぼし、ふたたび

東に向かい、一二三四年に金を滅ぼす。以後、モンゴルは南宋攻略にとりかかるとともに、朝鮮半島への侵攻を繰り返し、一二五八年に高麗を屈伏させる。

西方では、チンギス＝ハンの子孫たちが、バグダッドを首都とするアッバース朝を滅ぼし、ヨーロッパではハンガリーの首都ペストを落とした。こうして、モンゴルはユーラシア大陸の大半を征服したが、あまりに巨大化したため、やがて分裂する。

オゴタイ＝ハン国、チャガタイ＝ハン国、キプチャク＝ハン国、イル＝ハン国が生まれ、中国大陸はフビライが支配することになった。フビライは一二七一年、国号を「元」と改め、一二七九年、南宋を滅ぼし、中国大陸を統一する。

それは、中国が金と南宋に割れて以来、一五〇年ぶりの統一だった。

フビライは一二七四年に朝鮮半島を作戦拠点として、第一回の日本侵攻を実行する。その後、南宋を滅ぼすと、ふたたび日本侵攻に取りかかった。主力となったのは旧南宋軍であり、元は四〇〇〇隻の大船団で日本上陸を狙ったものの、失敗に終わった。

日本侵攻の失敗にもかかわらず、その後も元は拡大しつづける。ビルマ（ミャンマー）に侵攻、パガン王朝を滅ぼし、ジャワ島にまで船団を送り込んだ。

こうしたモンゴルのユーラシア制覇は、ユーラシアに「モンゴルの平和」、あるいは「タタールの平和」といわれる時代をもたらした。モンゴルは、大陸を貫く幹線道路をもうけ、ジャムチと呼ばれる駅伝制度を整備。治安を維持し、東西貿易を保護したのである。モンゴル帝国は、その意味で通商帝国であった。

やがて、モンゴルは海にも関心を持ち、ムスリム商人相手に活発な海上交易を行った。日本侵攻失敗後も、完全に交わりを絶つことなく、日本相手の交易を行っている。

「モンゴルの平和」によって、ヨーロッパの商人たちは、この時代に初めて中国を訪れた。ヴェネツィアの商人マルコ・ポーロもその一人で、彼は『世界の記述（東方見聞録）』によって中国（元）の事情をヨーロッパに伝えた。

また、元の通貨政策は、金や銀ではなく、交鈔という紙幣を基軸とした。これは、今に通じる大胆な政策であったが、財政が悪化すると、乱発によりインフレを誘発した。

元の統治手法は、歴代の中国王朝とは一線を画すものだった。支配者は漢人ではなく、中国文化に同化しようとした異民族出身者でもなかった。支配層のモンゴル族は中国文化に同化しようとはしなかったのだ。漢人は低い地位に留めおき、ウイグル族や中央アジア、西アジアの出身者、いわゆる色目人(しきもくじん)を優遇し、彼らに経済政策をまかせた。

モンゴル族は、西アジア遠征によって西アジアの文化をよく知っていたので、他の異民族のように中国文化を崇拝の対象とはしなかったのだ。むしろ、他の文化を知るモンゴル族には、儒学・儒者を毛嫌いするところがあった。

それもあって、元は漢字を採用せず、ラマ僧のパスパに、独自のパスパ文字をつくらせた。パスパ文字はチベット文字を起源とし、のちの朝鮮のハングル成立に影響をおよぼす。

また、フビライは首都を大都(だいと)に定め、整備した。大都は今の北京であり、以後、中国歴代王朝や政府は、北京を中心として国家経営を行うようになる。

元代は、中国で初めて口語体によって書かれた戯曲や小説が発達した時代でもあった。元代の戯曲は元曲と呼ばれ、庶民にも親しまれた。『三国志演義』『水滸伝』という中国二大スペクタクルの原型も、元代にできあがった。

元の時代に、口語体でわかりやすい戯曲や小説が人気を博したのは、古典的な教養人の没落とも関係している。元が基本的に科挙を廃止したため、古典的な教養人は出世できなくなり、社会的地位を落とした。古典的教養は社会の規範ではなくなり、代わって宋代以来実力をつけてきた庶民にうけるわかりやすい話が人気を集めたのだ。

中国に新たな潮流を生むかに見えた元だが、支配層はラマ教（チベット仏教）への信仰が高じて、寺院建立に莫大な資金をつぎこんだ。それによって、財政は窮乏し、各地で反乱が始まる。

◉日中関係史を知るキーワード　元寇1

元の皇帝フビライが日本遠征を企てた動機はなんだった？

鎌倉時代の中期、中国大陸を支配していたのは、モンゴル帝国（元）。その元は、一二七四年（文永一一）と一二八一年（弘安四）の二度にわたって日本へ攻め込んできた。なぜ元は日本に攻めて来たのだろうか？

その理由としては、次のようなことが挙げられる。まずは、元の皇帝フビライの飽くなき征服欲である。フビライは皇帝に即位（一二六〇年）する前から、中国北方を征服し、皇帝に就いたときには、中国北方とモンゴル高原の大半を支配下に置いていた。その後、中央アジアや南宋の平定をめざす一方、高麗やビルマを屈服させ、朝鮮半島や東南アジアへも勢力を伸ばした。そのフビライの征服欲が、日本侵攻のベースにあったという見方である。

ただ、フビライは、日本には朝貢を求めようとしただけだったという説もある。フビライは皇帝に即位すると、モンゴル帝国の中国王朝化を進めるが、その中国の政治的伝統に周辺諸国からの朝貢を求めるという習慣があった。その習慣に従って、日本に朝貢を求めようとしただけではなかったかともいわれる。じつは、フビライは、元寇の前に日本への使者を五度も派遣し、その使者に託した国書で日本に朝貢を求めているのだ。ただし、朝貢だけが目的だったかといえば、裏付け資料に乏しく、そうとも言いきれない。

それ以外にも、単に通商を求めただけだったという説もあれば、当時の日本は、元が征服を狙う南宋と活発に交流していたので、日本を取り込み、南宋を孤立させようとしたのではないかという説もある。

現在では、決め手となる説がないことから、これらの説が複合的な要因となり、元寇に至ったと考えられている。

◉日中関係史を知るキーワード　元寇2

鎌倉幕府が元の国書に返事をせず、事態をこじらせた理由は？

「天に加護（かご）される大蒙古の皇帝から、日本国王にこの手紙を送る。（略）、私が皇帝になってからは、高麗が蒙古に降伏して家来になり、私と高麗王は父子の関係になった。ところが、日本は、昔から高麗と親交があり、中国とも貿易していたにもかかわらず、大蒙古帝に一通の手紙も出さず、国交をもとうとしていない。これは、いったいどうしたことなのか。(略)、我々は、すべての国をまとめて一つの家と考えている。日本も、我々を父と思ってはどうか。それができないというなら、軍隊を送ることになるが、それは我々の望むところではない。日本国王は、我々の気持ちをよくよく考えて返事してほしい」

このような国書が、元から日本へ送られてきたのは、元寇の六年前のことである。フビライは、日本に元の属国になることを求めてきたのである。

その国書は、朝鮮半島の高麗を通じて、まず大宰府に届けられ、鎌倉幕府へ送られた。受け取った幕府は、当時、実質的にトップだった北条時宗(ときむね)が朝廷と協議する。結論は、国書を正式には受け取らず、返事もしないというものだった。

以後、フビライから何度も国書が届けられるが、幕府と朝廷はすべて無視する。その外交常識からはずれた対応が元寇の原因になったともされるが、北条時宗はなぜフビライからの国書に返事をしなかったのだろうか。

一説には、若き北条時宗が「属国になどなれるか」と強硬姿勢を貫いたからだといわれる。じっさい、当時の幕府や朝廷内には「元に屈するな」という意見が多かったとみられ、現代の歴史学者にも、時宗や朝廷の強硬な態度を評価する人もいる。

だが、元に対して強硬だったのは、元と敵対関係にあった南宋の情報にのみ頼っていたからだという指摘もある。幕府の情報ルートは、貿易を活発に行っていた南宋に片寄っていたため、幕府や朝廷に届けられる情報のうち、元との国交を勧める意見は皆無に近かったと考えられるのだ。

また、時宗をはじめ鎌倉武士は、国際間の慣例やアジア情勢を知らなかったので、外国の使者に対してまともに応対できなかっただけという説もある。たとえば、初めて国書が届いた際、時宗が朝廷に相談したのは、国書を受け取ってから一カ月もたってからのことだった。さらに、朝廷との協議にも半年以上を費やしている。その間、使者はずっと大宰府で待っていたが、外交使節をこれほど長期に渡って待たせることは、当時の国際慣行でも考えられないことだった。

朝廷も、遣唐使の廃止以来、公的な国交は久しく絶えていて、国際情勢に暗かった。

要するに、当時の幕府も朝廷も、国際情勢も外交儀礼もよく知らないまま、南宋側の意見のみによって判断したため、フビライからの国書に返事をしなかったのではないかという見方である。

◉日中関係史を知るキーワード　元寇3

日本が文永・弘安の役の難を逃れたのは本当に〝神風〟のおかげ?

モンゴルは、一二七四年（文永一一）と一二八一年（弘安四）の二度にわたって襲来したが、日本はいずれも撃退に成功する。その理由について、暴風雨が吹き荒れて、元軍の多くの船が沈んだからと思っている人がいるかもしれない。太平洋戦争以前は、その暴風雨を「神風」と呼び、「日本は神に護られた国なので戦争には負けない」と教えられてきた。

しかし、現在では、二度の元寇のうち、少なくとも一回目の文永の役では、台風が襲来したとは考えられていない。まず、日本側の記録である『八幡愚童訓』には、台風については一言も触れられておらず、一戦して日本側の惨敗に終わったのち、「朝になったら、敵船も敵兵もきれいさっぱり見当たらず、驚いた」と書かれている。

その一方、朝鮮側の記録である『東国通鑑』には、夜半に大風雨があり、多くの船が傷んだと書かれているが、これは日本と本気で戦う気のなかった高麗人の言いわけではないかという説がある。

というのも、元は文永の役の前、高麗に一〇カ月間で九〇〇隻もの船を造らせた。そのため、高麗は多大な資材と労力と食糧を提供することになり、庶民の中には過労で倒れたり、飢え死にする者もあった。また、高麗の兵士たちは、日本と戦うといっても、それは元のためであり、士気はひじょうに低かった。

そもそも、元が初めて来襲した一一月（太陽暦）は台風シーズンではないし、来襲した元軍も約四万人と少なかった。そのため、『八幡愚童訓』にあるように、翌朝になると敵兵も、敵船も見当たらなかったのは、元軍が自ら撤退したためという説が有力になっている。その兵力の規模からみても、文永の役における元の目的は征服ではなく、力を誇示して威嚇(いかく)することにあり、だから一戦してすぐに引き上げたという説が有力になってきている。

一方、二回目の弘安の役では、七月一日(太陽暦で八月一六日)、北九州を台風が襲い、博多湾を埋め尽くしていた元の四〇〇〇隻の船が、ほぼ全滅状態となったことがわかっている。

◉日中関係史を知るキーワード　元寇4

元寇の襲来を言い当てた日蓮の予言とは?

鎌倉時代の僧である日蓮は、一二六〇年(文応元)、『立正安国論(りっしょうあんこくろん)』を書き、執権北条時頼(ときより)の側近に提出した。その中には、近い将来、国内で反乱が起き、また外国の侵略を受けることになると記されていた。つまり、それから一四年後に起こる「元寇」を予言していたのである。

といっても、日蓮に予知能力があったわけではない。当時の「末法思想」にもとづいて、正法（しょうぼう）が滅びると「三災」「七難」が起こると主張したのだった。

「三災」とは穀物の払底（ふってい）、戦争の勃発、疫病の流行のことで、「七難」とは疫病、他国からの侵略、内乱、星座の変化、日食・月食、暴雨、干ばつのことを指す。

日蓮は、天変地異や飢餓疫病の災いが続くのは、『法華経』の正しい教えに背（そむ）き、邪法に頼っているからだとしたうえで、すでに「七難」のうちの「五難」が起きているとした。そのままでは、残りの「二難」、すなわち「内乱」と「他国の侵略」も起きると、警鐘を鳴らしたのである。そして、それを避けたければ、すみやかに『法華経』に帰依するようにと主張した。

もっとも、この予言はほとんど相手にされず、他宗の僧や信者の反発を招くだけに終わった。天変地異や飢餓疫病を他宗のせいだとし、他宗を邪法として批判したからである。翌年、日蓮は捕えられて伊豆へ流され、二年ほどで許されて帰郷するが、念仏信仰者の手勢に襲われ、左腕と額に重傷を負った。

予言から八年後の一二六八年（文永五）、モンゴルのフビライから幕府へ国書が届く。そこで、日蓮は、再び『立正安国論』を幕府や有力な僧に送り、仏法の正邪について公の場で対決しようとした。ところが、そうした日蓮の行動は、世の中を動揺させる危険なものとされ、一二七一年（文永八）、日蓮はこんどは佐渡へ流されてしまう。

三年後の春に赦免となると、幕府に呼び出され、蒙古来襲の予見を聞かれる。「今年だ」と答えたところ、それから五カ月後、元寇（文永の役）が現実のものとなったのだった。

室町・戦国・安土桃山時代

室町・戦国・安土桃山時代の日本

▼不安定だった室町時代を経て、大動乱の時代へ

鎌倉幕府を倒した後醍醐天皇は、ただちに京都に戻り、光厳天皇を廃すると、年号を建武と改めた。後醍醐天皇がはじめたこの政治を「建武の新政」という。

しかし、建武の新政は、幕府、院政、摂政、関白のすべてを否定して、天皇への権限集中をはかり、また武士の慣習も無視したため、多くの武士の不満を招いた。そこで立ち上がったのが、幕府の再建を目指していた足利尊氏である。

尊氏は、一三三五年（建武二）、新政権に対して反旗を翻すと、翌年に京都を制圧し、新たな武家政権である室町幕府をひらいた。さらに尊氏は、天皇の権威を否定することは得策ではないと考え、後醍醐天皇と対立する持明院統の光明天皇を擁立したのである。

それに対して、後醍醐天皇は、吉野の山中にこもり、こちらこそ正統な天皇であると主張して南朝をおこした。こうして、後醍醐天皇の南朝（大覚寺統）と、光明

天皇の北朝（持明院統）という二つの朝廷が同時に存在するという、「南北朝時代」が始まったのである。

両者の対立は、南朝が武力で劣っていたにもかかわらず、半世紀以上も続いた。尊氏と弟の直義（ただよし）が政治的に対立したため、北朝が内部抗争で力を落とすたびに、南朝が息を吹き返していたからである。

結局、弟の直義が暗殺されたあとも、尊氏派、旧直義派、南朝勢力の三者の争いは続き、一三九二年（明徳三）、南北朝はようやく統一された。ときの将軍は、尊氏の孫で、室町幕府史上最大の権力をにぎった三代将軍義満（よしみつ）である。

義満は、日明貿易を新たにはじめ、その貿易の利益を独占したほか、朝廷の権威に対抗しようと、京都の室町に壮麗な邸宅（花の御所）を造営した。

室町幕府の機構は、この義満の時代にほぼ整い、最盛期を迎えた。その後も、義満の跡を継いだ四代義持の頃までは、将軍と有力守護の勢力の均衡が保たれ、幕府の政治は安定していたといえる。

ところが、将軍の権威は、その後急速に衰えていく。そんななかで勃発したのが、一四六七年（応仁元）におこった応仁の乱だった。

まず、管領の畠山氏と斯波氏に相次いで後継者争いが生じ、ついで将軍家でも八代将軍足利義政の妻・日野富子と、義政の弟・義視との間で家督争いがおこった。義政の正室の富子が、わが子の義尚を将軍にしようとしたため、次期将軍を約束されていた義視と激しく対立したのである。

これらの家督争いに介入したのが、幕府の実権をにぎろうと争っていた細川勝元と山名持豊（宗全）だった。その結果、京都を舞台にした戦争は、都が焼け野原になるまで、約一一年間も続いたのである。

こうした争乱を経て、戦国時代が幕を開ける。守護やその家臣の守護代、あるいは地域に根ざした武士らが、戦国大名化しはじめたのである。

たとえば、一五世紀末に京都から下ってきた北条早雲は、堀越公方を滅ぼして伊豆を奪うと、小田原城も奪って本拠地とし、子の氏綱、孫の氏康の代に関東の大半を支配する大名へと成長した。一六世紀半ば、中部地方では、上杉謙信と武田信玄が台頭して、北信濃の川中島などで激突し、中国地方では、毛利元就が山陰地方の尼子氏と激しい戦闘を繰り返した。

そして応仁の乱から約一世紀後、戦国大名のなかから、全国統一を本気で目指す大名が現れた。尾張の織田信長である。

信長は、父・信秀（のぶひで）の死後、弟や叔父など織田家内のライバルを次々と倒して尾張を統一したあと、一五六〇年（永禄三）に今川義元を桶狭間の戦いで破った。そして一五六七年（永禄一〇）に美濃の斎藤氏を滅ぼすと、翌年、室町幕府第一五代将軍足利義昭（よしあき）を立てて京に入り、全国統一へむけた第一歩を踏み出したのである。

その後も信長の快進撃は続き、近江の浅井（あざい）氏、越前の朝倉氏を破り、比叡山延暦寺を焼打ちした。そして、足利義昭を追放して室町幕府を滅ぼすと、長篠の戦いでは武田勝頼（かつより）を破って、翌年には安土城を築いたのだった。

しかし、近畿、東海、北陸地方を支配下に入れたものの、信長は家臣の明智光秀に襲われて、京都の本能寺で死亡した。これが、一五八二年（天正一〇）におこった本能寺の変である。

結局、信長の跡を継いで全国統一をなしとげたのは、家臣の豊臣秀吉だった。秀吉は、山崎の合戦で明智光秀を討ち、柴田勝家との戦いにも勝利をおさめ、一五八五年（天正一三）には関白、翌年には太政大臣に任じられ、天皇から国内の支配権をゆだねられたと称して、全国統一を完成させた。

しかしながら、豊臣政権は、中央政府としては組織整備が不十分だった。また、秀吉がおこなった朝鮮出兵は、富と兵力を無駄についやす結果に終わり、豊臣政権を衰退させる一因となった。

一五九八年（慶長三）に秀吉が死去すると、石田三成と徳川家康の対立が激化し、一六〇〇年（慶長五）、西軍と東軍が関ヶ原で激突した。家康率いる東軍は数の上では三成率いる西軍に負けていたが、西軍の小早川秀秋が寝返ったことで、戦いは東軍の勝利に終わった。そして、この大勝負を制した家康は、一六〇三年（慶長八）に征夷大将軍に任命され、江戸に幕府をひらいたのである。

明の盛衰から、清の建国まで

日本の動乱期である室町・戦国時代の大半は、中国の明の時代と重なる。一三六八年、日本で南北朝の争乱が続いていたころ、朱元璋（しゅげんしょう）は明を建国し、金陵（今の南京）を都とした。明は、モンゴル族をモンゴル高原まで追い返すことに成功したのだった。

朱元璋が皇帝にまで駆けのぼるきっかけとなったのは、紅巾の乱（白蓮教徒の乱）である。白蓮教は弥勒信仰に西方のマニ教が結びついた宗教で、秘密宗教結社的な教団を構成していた。一三五一年、彼らの反乱が始まり、その反乱軍に加わった朱元璋がやがて軍を乗っ取り、モンゴルを北方に追いやった。

朱元璋は洪武帝として即位すると、内向きの民族国家を志向する。遼、西夏、金、元と、長く異民族王朝に支配された反動から、明は中華意識の強い王朝となった。朱子学を官学として採用し、正統を重んじた。朝貢貿易以外の貿易を許さなかったので、明と貿易したい国は朝貢の形をとるしかなかった。

中華思想では、中国の周辺国は文化的に遅れた野蛮な戎狄と見なされる。戎狄は中国の文化を慕って貢物を贈り、代わりに中華皇帝が賜物を与える。それが朝貢であり、明にとって外交といえば朝貢しかなかったのだ。室町幕府の足利義満は、それを容認して貿易の実利をとり、同幕府の全盛期を築いた。

明は、中国商人の海外渡航も禁じたが、それは海の時代を迎えていた東アジアの流れに逆行する政策だった。明の海禁政策は商人を圧迫し、倭寇の跳梁を招く一因になった。

一方、洪武帝は北方の防衛に力を注いだ。モンゴル族は北方で依然健在だったので、同帝は万里の長城の整備・建設に力を入れた。現在まで残る長城の多くは、明代のものである。

洪武帝が死去すると、その孫・建文帝が後を継ぐが、ここで動乱が起きる。一三九九年、燕王（洪武帝の子、建文帝のおじ）が軍勢を動かし、首都金陵に向かったのだ。靖難の変と呼ばれるこの内戦の結果、燕王が勝利し、永楽帝として即位した。

永楽帝は、首都を北京に移し、父・洪武帝とは打ってかわって積極的な対外政策を展開する。モンゴル高原に遠征して北方の脅威を弱め、南方のベトナムにも侵攻した。また、宦官の鄭和に大船団による南海遠征を命じている。鄭和の艦隊は東南アジアからインド洋、アラビア海を進み、多くの国に朝貢を求めた。明には復活した正統王朝という意識が強く、鄭和の南海遠征にも、正統な王朝の国威を発揚するという意味があったとみられる。しかし、永楽帝が死去すると、積極外交の時代は終わり、海禁政策が復活する。

一五世紀に入ると、明は北方からの圧迫に苦しむようになる。モンゴルのエセ

＝ハン率いるオイラート部が強大化して、明に通商を迫ってきたのだ。明はオイラート部と対立し、一四四九年には、正統帝が軍勢を率いて北上するが、逆にオイラート部に包囲・殲滅（せんめつ）され、同帝は捕虜となる。これが土木（どぼく）の変であり、以降、明は北方で守勢に回る。

一方、海岸部では、倭寇が再び跳梁していた。洪武帝の時代から、明は日本に倭寇の取り締まりを求めていたが、日本は南北朝の混乱のなか、倭寇の取り締まりどころではなかった。その後、足利義満が政権を安定させて、取り締まりを強化、いったんは倭寇の害が治まるが、義満の死後、足利政権が力を失うと、倭寇はふたたび勢いづき、勢力を拡大していた。ただ、この後期の倭寇は、日本人が主体ではなく、中国人が多かったといわれる。

こうして、明は外交・防衛問題でぐらつくなか、内政面では、一六世紀半ば、張居正（ちょうきょせい）が改革を行い、一定の成果をあげる。とりわけ、大きな効果をあげたのは、一条鞭法（いちじょうべんぽう）という新税制である。当時進行していた日本やメキシコからの銀流入に対応した政策であり、あるゆる税を銀納で一本化するものだった。

また、朱子学が官学となって形式化するなか、王陽明（おうようめい）が現れ、陽明学を確立させた。陽明学は、知識と行動は一致すべしという知行合一（ちこうごういつ）説をとり、それは儒教の根本を否定するものとして危険思想視もされたが、幕末日本の志士たちの行動などに影響を与えた。

一方、倭寇問題は、日本で豊臣秀吉が全国統一を果たすと、海賊行為を取り締まり、根絶された。だが、その秀吉自身が中国大陸制覇の野望を抱き、一五九二年、朝鮮半島に軍勢を送り込んでくる。李氏朝鮮は明に救援を求め、明は大軍を朝鮮半島に送り込んだ。明軍は日本軍を押し返したが、碧蹄館（へきていかん）の戦いでは完敗、戦線は膠着した。

結局、豊臣秀吉の死去により、朝鮮での戦いは終わるが、この防衛戦は明の疲弊を早めることになった。その間に力をつけていたのが、満州の女真（じょしん）族である。やがて、明は女真族によって滅ぼされ、女真族は清を建国する。

◉日中関係史を知るキーワード　交易船

韓国の沖合に沈んでいた七〇〇年前の交易船の謎とは？

一九七五年（昭和五〇）七月、韓国南部の木浦（モッポ）の沖合で、漁師の網に六つの青磁器が引っかかった。それをきっかけに、翌七六年一〇月から、韓国による引き上げ作業が始まり、八四年まで一〇次にわたって作業が行われた。

そうして引き上げられたのが、「右舷と船底を完全に残す中国製の竜骨船」、「中国製の陶磁器二万六六一点」、「唐から元代にかけての中国製銅銭約五〇〇万枚」、「香炉、錠前、燭台、やかん、小型仏像などの金属製品」、「円筒形盆、櫛、そろばん玉、木製刀などの木製品」などである。

それらの遺物から、中国製の竜骨船が、陶磁器や銅銭などを満載したまま、その海域で沈没したことが明らかになった。では、その船は、いつ頃、どこの港を出航し、どこへ向かっていたのだろうか。

そのヒントは、船底から発見された「木簡」にあった。木簡は、梱包された荷物に付けられていたもので、その一つに「至治参年四月二十三日」と書かれていたのだ。「至治三年」は中国の元の年号で、西暦一三二三年にあたる。日本でいえば、後醍醐天皇の「元亨三年」で、沈没したのはその前後のことと考えられている。

また、青磁器の秤の一つに「慶元路」という地名があった。これは、現在の浙江省寧波のことなので、出航地は当時の大港の寧波であった可能性が高い。さらに、木簡に社寺名や僧侶、一般の日本人の名があることから、その船は当時の民間貿易船で、中国の寧波から博多へ向かっていたのではなかったかと考えられている。

この船が沈没した木浦沖の海底は、分厚い泥層なので、船体をはじめ、積み荷の多くが泥に沈んで保護されるかたちになり、完品に近い状態で発見された。出土品は、現在、光州市の国立博物館などで展示されているが、そこに並ぶ陶磁器は、焼きあがったばかりと言われても信じてしまいそうなほど、鮮やかな色彩を放っている。

◉日中関係史を知るキーワード　後醍醐天皇

後醍醐天皇の周辺で宋学が大流行したのは？

元寇から約半世紀後、後醍醐天皇は鎌倉幕府を滅亡に追い込むと、自らによる親政を開始した。この「建武の新政」で、天皇は、単に律令制を再建するだけではなく、中国的な専制をめざしていた。有能な人材が君主の手足となって働く中国的な官僚政治を理想としたのだ。その構想は、後醍醐天皇が『宋学（朱子学）』の影響を受けたことによって生まれたと考えられている。

宋学は鎌倉時代に日本へ伝わり、五山の学僧らによって研究された。鎌倉後期になると、元の僧・一山一寧（いっさんいちねい）がもたらした注釈が人気を集め、後醍醐天皇の父、後宇多（ごうだ）天皇も彼に心酔した。その影響を受けて、後醍醐天皇の周囲でも、多くの者が宋学を学んでいた。当時、宋学は「新思想」として、日本の知識階級の間で人気を呼んでいたのだ。

宋学は、中国の南宋時代、朱熹（しゅき）によって構築された儒学のなかの新思想である。もともと、儒学は孔子を始祖とする思想体系だが、時代が下るにつれて複雑に解釈され、わかりにくくなっていた。そこで、朱熹は新たな思想体系として整理し直したのだった。それによると、自己と社会、自己と宇宙は「理」という普遍的原理で結ばれ、自己修養することが社会秩序の維持に至るという。この新思想を朱子学と呼ぶ。

それとともに、朱子学の根本には「尊王賤覇（せんぱ）」という考え方があった。「皇帝を尊び、覇者を蔑む（さげすむ）」という意味で、具体的には、南宋こそ正しく、それを侵略しようとする異民族は野蛮という考え方だった。

当時、南宋は、遼や金に中国北部から追われ、南へ逃げ出していた。「尊王賤覇」は、そうした南宋の状況を反映する思想だったが、後醍醐天皇はその考え方に惹（ひ）かれていった。日本の政治状況に当てはめれば、朝廷こそ尊ばれるべき存在で、鎌倉幕府は野蛮と解釈できたからである。その考えに立ち、後醍醐天皇は倒幕に立ちあがったとみられる。

後醍醐天皇は、政権を獲得すると、じっさいの政治も、この朱子学を基本にした。しかし、天皇を中心に据えようとする政治は、武士たちの猛反発を買った。その不満を集めて足利尊氏が北朝をたて、後醍醐天皇は吉野に移って南朝となり、いわゆる「南北朝時代」が始まることになる。

◉日中関係史を知るキーワード　倭寇1

中国にも怖れられた倭寇の正体は？

南北朝時代から戦国時代にかけて、武装した船団が中国や朝鮮半島の沿岸地域や船を襲撃し、金品や人を掠奪する海賊行為を行った。当初、その海賊の中心は日本人で、中国や朝鮮では「倭による侵略」という意味で「倭寇」と呼んだ。

当初、倭寇の襲撃目標は、朝鮮半島の沿岸一帯だったが、やがて中国大陸沿岸にも広がった。そのため、明の光武帝が日本へ使者を送ってきた。朝貢をうながすとともに、日本に倭寇対策を求めるためだった。その後、明は足利義満に対して勘合貿易(かんごうぼうえき)を認めるが、それも倭寇対策の一環という意味合いがあった。

倭寇の正体は誰かといえば、じつは前期と後期では違っている。まず、南北朝から室町初期までの前期は、対馬、壱岐、五島列島などの日本の住民が中心となっていた。

これらの島々は、鎌倉時代の元寇によって住民を虐殺・掠奪(りゃくだつ)された地域である。文永の役（一二七四）のさいには、対馬に上陸してきた元と高麗軍合わせて四万人に対して、応戦したのはわずかに八〇騎だった。対馬はアッという間に占領され、その後、一週間に渡って島中を蹂躙(じゅうりん)される。

女性たちは手に穴を開けられ、その穴に通した革紐でつながれて船壁に吊されたという。見せしめや矢避けにされたのである。また、捕虜となった子ども二〇〇人が元や高麗へ連れ去られたと記録に残っている。つまり、初期の倭寇は、こうした元寇の残虐行為に対する復讐の意味があり、再度の襲来を防ぐための〝先制攻撃〟でもあった。

また、対馬や壱岐などでは、多くの住民を殺されて労働力を失い、田畑を荒らされたことから、それらの地域では農作物の収穫が激減していた。そのため、朝鮮半島などの稲作の盛んな村を襲い、食糧や人を強奪したのである。

さらには、拉致された家族を取り戻すことも目的のひとつで、じっさいに家族と再会できたケースもあったという。

前期の倭寇は、義満の時代、勘合貿易が始まった頃におさまるが、応仁の乱以後、足利幕府の力が衰えると、再び活発化する。ただし、後期の倭寇の中心は、日本人ではなく、中国人だった。明は、海禁政策によって私貿易を禁じていたが、その政策に反発する中国商人たちが日本人の格好を真似て海賊行為を行ったのである。

中国の『明史』には、本当の日本人は三割くらいと書かれている。ただし、後期倭寇の時代には、日本は戦国時代を迎えていたので、戦術や武術の達人が多数参加し、中国商人たちの先頭に立って指揮をとる者もいた。

◉日中関係史を知るキーワード　倭寇2

倭寇によって日本に連行された人々はその後どうなった?

前期の倭寇は、金品、農作物を奪うほか、人も掠奪の対象にした。拉致した中国・朝鮮人を対馬や壱岐、五島列島へ強制的に連行し、奴隷として働かせた。

その一方、東アジア一帯では、人身売買のマーケットが成立していたようで、奴隷として売り飛ばすこともあった。また、奴隷を中国や朝鮮へ送還すると、謝礼をもらえたので、拉致しては本国政府の求めに応じて送還するケースもあった。その記録を見ると、北九州や対馬、壱岐から送還されている例が多い。

さらに、琉球からも、朝鮮などへ送還されているケースが見られる。この事実から、倭寇によって拉致された中国・朝鮮人が琉球に売り飛ばされ、琉球から本国へ送還されるケースがあったとみられている。

また、拉致した中国人や朝鮮人のなかでも、語学にすぐれた者は室町幕府の通事（通訳）として雇われたケースがあった。中国人の魏天（ぎてん）も、そういう一人である。

魏天は幼い頃、倭寇に拉致されて、中国から日本へやってきた。その後、朝鮮へ売られ、文人の奴隷として働くが、朝鮮使節とともに来日して、しばらく日本にとどまった。頭脳明晰な魏天は、その間に中国語のほか、朝鮮語、日本語を身につけた。いったんは中国へ戻るが、語学力に目をつけた明の光武帝によって日本へ送られ、室町幕府の通訳として働いた。

魏天は、将軍・足利義満の寵愛を受けたことでも知られ、義満の死後の一四二〇年（応永二七）には、明の使者と将軍・足利義持との会見実現に尽力した。義持が勘合貿易を中止して、明との交易を停止していた時期のことであり、この会見はその後の日明関係にとって重要な意味をもつ会見となった。

◉日中関係史を知るキーワード　応永の外寇

李氏朝鮮による対馬襲来の知られざる真相とは？

李成桂は倭寇との戦いで名を挙げ、その実力と名声によって各地の豪族を従えていく。そして、一三九二年に「高麗王」として即位すると、翌年、国号を「朝鮮」と改め、李成桂は明の「権知朝鮮国事」となった。これが「李氏朝鮮」の始まりである。

その李氏朝鮮は、一四一九年（応永二六）六月、一万七二八五人の大軍で対馬に攻めてきた。「朝鮮軍上陸」の急報は、京都へ伝えられ、室町幕府や朝廷はもちろん、庶民まで大騒ぎとなった。

ただし、李氏朝鮮に対馬や本土を侵略する意図はなかった。倭寇の根拠地が「対馬」であると見なして、攻撃をしかけてきたのだった。

そもそも、当時の倭寇は、朝鮮半島沿岸にも出没し、高麗に大きな被害を与えていた。李氏朝鮮の太祖・李成桂は、倭寇との戦いで名声を得、それをきっかけに高麗王朝を滅ぼし、その後も倭寇対策は継続して行っていた。

ただし、李氏の基本方針は日本とは友好関係を維持することで、対馬の島主の宗貞茂を含め、北九州の豪族と友好関係を保つことで、倭寇の出没を抑えていた。

ところが、対馬の宗貞茂が一四一八年（応永二五）に亡くなると、倭寇の頭目である早田左衛門太郎が対馬の実権を握る。すると、その翌年には、さっそく大規模な倭寇が朝鮮半島沿岸部で大暴れした。そこで、李氏は対馬へ大軍を派遣し、倭寇の根拠地を叩こうとしたのである。

しかし、そのとき、倭寇は対馬にはいなかったので、朝鮮軍は肩すかしを食った恰好となった。そこで、島主の宗貞盛は、暴風雨の季節が近いことを警告し、停戦を求めた。朝鮮の大軍はそれを聞き入れ、上陸から一〇数日後には引き上げていった。

◉日中関係史を知るキーワード　勘合貿易1

日本と明の間の勘合貿易には、どんな手続が必要だった？

日本と明との勘合貿易では、一四〇四年（応永一一）から一五四七年（天文一六）までの一四三年間に、計一七回、合わせて八四隻（一説に一九回九〇隻とも）が派遣された。足利将軍でいえば、三代義満から一三代義輝（よしてる）までの間、四代と五代の時期を除いて行われている。明から発行された「勘合」を持っていれば、一〇年に一度程度、明へ貢ぎ物を届け、中国からの下賜品を持ち帰ることができたわけである。

中国では、古くから勘合を外国交通の許可証として用いていた。日本船の場合は、日本の「日」の字を使った「日字勘合」一〇〇枚と「本」の字を使った「本字勘合」一〇〇枚、そしてそれぞれの照合台帳が作成された。日本船は、この勘合を携えて明へ向かい、寧波と北京で、勘合と台帳とを照合し、合えば入港を許された。

勘合船一隻につき、一五〇〜二〇〇名が乗り込んでいた。内訳は正使と副使、勘合船経営者の代理が数名、そして水手が約五〇名。残りは、博多や堺の商人である。彼らは、輸出品を北京で売りさばく一方、明政府の許可を得た商人と私的な貿易をすることもできた。

当時の輸出品は、銅や硫黄(いおう)、扇子(せんす)、漆器(しっき)、刀剣、屏風(びょうぶ)などで、明からの輸入品は銅銭、生糸、織物、書物などだった。一度の往復に約三カ月かかり、暴風雨などに遭って沈没する危険もあった。

それらの船は、当初は将軍が派遣していたが、やがて有力守護大名や大寺院が派遣するようになる。さらに、一〇回を超える頃には、細川、大内による勘合の争奪が始まり、一五二三年(大永三)、両者の使節が明の寧波で衝突するという事件も起きた。これ以後、争いに勝った大内氏が勘合貿易を独占した。

◉日中関係史を知るキーワード　勘合貿易2

四代将軍の足利義持が勘合貿易をとりやめたいきさつは？

三代将軍の足利義満がはじめた勘合貿易で、もっとも儲かったのは義満自身だった。銅銭の輸入を独占し、事実上の貨幣発行権を握ったからである。銅銭を仕入れては使えばいいのだから、彼の懐は尽きることはなかった。

また、明との貿易で、義満は「日本国王」と認められ、国家の外交権を行使していた。経済と政治の実権を握り、彼の地位は頂点をきわめた。

ところが、将軍の跡を継いだ義持は、父親の義満が死ぬと、一四一一年（応永一八）、突然、勘合貿易を停止する。さらに、義持は、一四二六年（応永三三）には、明へ「日明交通は神の許さぬところであり、義満がそれを破ったために天候が狂い、義満自身も倒れてしまった。そのため、義満自身が、その死に臨み、外国との通行を断つことを誓った。自分は、その誓約を破ることができない」という手紙を送り、改めて勘合貿易の中止を宣言したのである。

将軍にとっては丸儲けだったはずの勘合貿易をやめてしまったのは、朝貢形式を嫌ったことと、父への反発からだったといわれている。

じつは、義満の時代からすでに、勘合貿易のために明の属国になることに反発する者は少なからずいた。義持自身も、父への反発心もあって、朝貢形式に不満を持っていた。

さらに、義持は、七人の弟をもつ長男だったが、父義満は弟の義嗣（よしつぐ）を偏愛し、義嗣は元服後、驚異的なスピードで出世していた。多くの人が、後継将軍は義嗣だと思っていたほどで、それもあって義持は父への反発を強めた。

義満の死後、義持は、斯波義将（しばよしまさ）の後押しでなんとか将軍の座に就くと、内政は基本的に父の路線を継承しながら、義満の側近を遠ざけるなど、いくつかの点で、父への反発を露わにしたのである。そのひとつに、勘合貿易の中止もあったというわけである。

◉日中関係史を知るキーワード　琉球王国

なぜ琉球王国は一五世紀に大繁栄することができたのか？

一四世紀、沖縄本島には、北山、中山、南山という三つの勢力圏があった。約一〇〇年間続いたその時代は「三山時代」と呼ばれる。三国はいずれも明帝国の冊封体制の下にあり、朝貢していた。また、三国はいずれも全島統一を目指し、相争っていた。一五世紀になると、その統一への動きが一気に進む。

一四〇六年、南山の按司（王子の次の地位）だった尚思紹・尚巴志父子が中山を倒し、その一〇年後には北山を滅ぼした。そして一四二九年には南山も滅ぼし、「琉球王国」を樹立したのである。

当時の琉球の人口は一七万人程度だったとみられるが、そんな小王国が一五世紀に繁栄の時代を迎える。東シナ海の中央に位置するという地の利を生かして、中継貿易で大きな役割を果たしたからである。明と友好な関係を築いていたことも大きかった。

琉球と明との関係は、三山時代、明の光武帝が使者を送り、朝貢を呼びかけたことにはじまる。その後、琉球王国が成立すると、尚巴志は一年に一度、朝貢した。『明史』によれば、その後、二年に一度とされるが、朝貢の回数は約二八〇年間で一七一回におよんでいる。二位の安南（ベトナム）が八九回なので、琉球の忠誠ぶりと朝貢貿易による利益は群を抜いていた。

当時の明は、海禁政策によって、一般中国人の海外貿易を禁止していた。明との貿易は、朝貢使節団としてしか許されていなかったので、琉球が明との取引を増やそうと思えば、朝貢回数を増やすしかなかった。小国の琉球は、大国の明に頼ることで中継貿易を活発に行い、独立を保っていたのである。

琉球からの朝貢品は硫黄と馬で、硫黄は火薬の原料となり、琉球馬は明の軍馬として採用されていた。その見返りに、琉球は大量の銅銭を手にし、その銅銭が他国との貿易や自国の経済発展の大きな支えとなった。

また、琉球は、シャム（タイ）やジャワ（インドネシア）などへ交易船を派遣、胡椒などを明へ運び、明の陶磁器を朝鮮や日本へ輸出した。

琉球の貿易港である那覇には、当時から、博多や薩摩の商人たちが頻繁に出入りし、アジア交易の拠点となっていた。この時代の琉球は、国をあげて現代の総合商社のような活躍ぶりだったのである。

◉日中関係史を知るキーワード　朝鮮出兵1

豊臣秀吉が朝鮮出兵を決断したきっかけはなんだった？

豊臣秀吉は、二度に渡って朝鮮へ兵を送りこんだ。一度目は、一五九二年（文禄元）四月で、一六万の軍勢を派遣している。

当初は、戦いに慣れた日本兵が朝鮮軍を撃破して、漢城（ソウル）や平壌まで占領した。ところが、義兵による抵抗や明軍の到着でこう着状態となり、翌年一月、明との間に講和交渉が開始された。

しかし、秀吉が朝鮮半島南部の割譲を求めたため、交渉は決裂する。怒った秀吉は、一五九七年（慶長二）二月、再び一四万の軍勢を朝鮮へ送っている。

そもそも、秀吉が朝鮮へ出兵したのは、朝鮮を征服後、明に攻め入るためである。そこで、朝鮮に対して「明征服の先導役」になることを求めたが、明の冊封国である李氏朝鮮は、これを拒否。秀吉は「明への道を借りる」という名目に変えて交渉するが、それも決裂し、兵を送ったのだ。

どうやら、秀吉には、明を征服して、秀吉自身が全アジアを統治する皇帝になるという野望があったようである。そこには、むろん秀吉の妄想といっていい欲望があったのだろうが、当時の国内の政治状況も多少は反映されていたといってもいい。

当時は国内の戦乱がやみ、武士や足軽の人数が過剰になっていた。そのため、さらに領地を広げなければ、内乱や反乱を誘発する心配があったとみられる。つまり、朝鮮出兵は失業懸念の武士や足軽の不満を解消するための戦いであり、失業対策という公共事業的な意味もあったとみられる。

◉日中関係史を知るキーワード　朝鮮出兵2

朝鮮出兵で、秀吉軍は、明とどう戦った？

一五九二年（文禄元）七月、豊臣秀吉軍が朝鮮半島へ攻め込むと、明軍が朝鮮の応援に駆けつけた。冊封関係にもとづく朝鮮からの要請で、明は援軍を派遣したのである。

ただし、秀吉軍の朝鮮上陸から、すでに四カ月が過ぎていた。それまで朝鮮軍は敗走を重ね、すでに首都の漢城はもちろん、北部の平壌まで、秀吉軍に占領されていた。

明軍は、まず五〇〇〇の軍勢で、最前線の平壌を急襲する。それは小西行長が撃退するが、日本側は明軍の参戦を受けて、平壌以北への進軍は見合わせ、漢城の防備を固めることにする。

翌九三年（文禄二）一月、明軍は四万三〇〇〇人に増兵し、朝鮮軍とともに平壌を攻撃する。大砲を撃ち込み、兵士が次々と城壁に取りついて侵入を図った。

これに対し、小西軍は連射で応戦するが、四万を超える大軍に抗しきれず、漢城をめざして敗走する。明軍も後を追って漢城へと迫った。この明軍を漢城郊外で迎え撃ったのが、宇喜多秀家（うきたひでいえ）である。

一月二六日未明、宇喜多勢四万が、昌陵川の河原に布陣していた明軍めがけて突進。一方、明軍を率いる李如松（りじょしょう）は、自らの直属軍の軽騎兵に功を立てさせようと、大砲部隊を伴っていなかった。それが裏目に出て、野戦を得意とする宇喜多軍が、午後までに敵兵六〇〇〇余を討ち取る。総帥の李如松も負傷して落馬、総崩れとなった明軍は、平壌まで退かざるを得なかった。この戦いを「碧蹄館（へきていかん）の戦い」という。

その後、両軍の戦線は膠着し、和平交渉がはじめられ、日本側はじょじょに撤兵する。そのなか、秀吉は「明が降伏した」という知らせを、明側は「日本が降伏した」という報告を受けていた。互いの交渉担当者が交渉を穏便に運ぶため、嘘の報告をしたためである。

秀吉は嘘の報告を信じ、明の皇女を天皇に嫁がせることや朝鮮南部の割譲などを求めるが、勝ったと信じている明も、秀吉に冊封体制下に入ることを認めると伝えた。秀吉はそれを聞いて激怒し、明の使者を追い返して二度目の出兵を決意する。

一五九七年（慶長二）、秀吉は、おもに西日本から集めた一四万の軍を朝鮮半島に送った。朝鮮南部を占領して日本風の城を築き、城主を定めることが目的とされた。

秀吉軍は、迎え撃ってきた朝鮮水軍を蹴散らし、上陸して進軍。それに対して、明軍が漢城から南下、明軍の先遣隊と黒田長政の部隊が現在の天安市付近で激突した。そこへ、毛利秀元が急いで駆けつけたので、秀吉軍が優勢となり、明軍は水原市まで後退した。さらに、日本水軍も朝鮮水軍の艦隊を破り、水陸で秀吉軍は優位に立った。

秀吉の命じた通り、秀吉軍は築城を急ぎ、明軍がその城を包囲する。蔚山（ウルサン）城では、兵糧を蓄えるまもなく、包囲された加藤清正隊が、餓死寸前の苦境に陥るが、翌年一月に毛利秀元らの援軍が駆けつけ、明軍を撃退した（蔚山城の戦い）。秀吉軍はその後、各城の防御体制を固めていった。

一五九八年になると、秀吉は、再び大軍派遣の計画を練るが、八月一八日、病死する。この事実はしばらく隠されたが、後を託された徳川家康や前田利家など五大老に、それ以上戦争を続けようという気持ちはなかった。

戦場では、加藤清正や島津軍、小西軍らが、二五万人以上にふくれあがった明・朝鮮連合軍と対峙していたが、一〇月一五日、五大老が軍に帰国を命令する。これによって、日本の出征大名たちが帰国し、秀吉の思い描いた明の征服と朝鮮の属国化は実現することなく、戦いは終結した。

◉日中関係史を知るキーワード　豊臣秀吉の明征服計画

豊臣秀吉が明征服計画を練っていたってどこまで本当？

豊臣秀吉が、明の征服と朝鮮の服属を目指して朝鮮に兵を送ったのは、一五九二年（文禄元）のことだった。国内（東北から九州まで）を平定し、大陸へ出て行ったのだが、明征服の構想はそのずっと前から描いていたようだ。

現存する史料によれば、一五八五年（天正一三）、秀吉は朝廷から関白に任命された年に、その構想を周囲に明らかにしていたとみられる。その年、秀吉が家臣の一人に与えた印判状に、「自分は、日本国はもとより、唐国まで仰せ付けられた」と書かれているのだ。

翌一五八六年（天正一四）には、大坂城を訪ねてきた宣教師に向かって、「日本を安定させることができたら、日本を弟の秀長に譲り、自らは朝鮮および明を征服するつもりである」と語っている。家臣に告げるのは、あくまで私的なやりとりだが、宣教師に対して発言すれば「公式発言」となる。じっさい、その頃から、内外で「秀吉が大陸侵略を企てている」と噂されるようになった。

では、秀吉は、どのような明の統治計画を描いていたのだろうか？　それを明らかにしているのが、一五九二年（天正二〇・文禄元）の『二十五カ条の覚書』である。それによれば、養子の秀次を明の関白に任命し、首都・北京の周辺に二〇カ国を与える。そして、後陽成天皇を北京へ移し、天皇の御料所として一〇カ国を与えるとしていた。

また、朝鮮には、岐阜宰相（羽柴秀勝）か、備前宰相（宇喜多秀家）を置き、日本の関白として羽柴秀保（秀吉の姉の子）か、宇喜多秀家を任命し、後陽成天皇の後継に皇太子を立てるというものだった。

そのような〝人事構想〟からみて、秀吉自身は東アジア全域を統治する皇帝となり、日本を中心とする「新中華体制」を確立しようとしていたという見方が有力だ。

第六章

江戸時代

江戸時代の日本

▼江戸二六〇年の語られなかった真実とは？

徳川家康は、関ヶ原の合戦後、江戸に幕府を開く。その一五年後には、豊臣家に無理難題を押し付け、秀頼（ひでより）とその母淀君に開戦の決意をさせ、大坂冬の陣・夏の陣で豊臣家を攻め滅ぼした。

こうして、名実ともに全国を支配下においた徳川幕府は、豊臣時代の政権機構を改めて、幕藩体制を確立した。幕藩体制とは、将軍を頂点とし、その配下にある各大名が、それぞれの領地（藩）を治めるという封建的支配体制のことである。

まず幕府は、一六一五年（元和元）に、大名の軍事力をそぐために、居城をひとつに限るという一国一城令を発布した。さらに、諸大名の行動を制限するために、武家諸法度を制定し、違反者を容赦なく処罰した。

その後も、幕府権力の基礎固めは続き、三代将軍家光（いえみつ）の代になると、大名に参勤交代を義務づけた。その結果、大名の妻子は人質として江戸に住むことを強制され、大名は一年ごとに江戸と国元を往復することになった。これは、諸大名の経済力を奪い、反乱をおこさせないための策でもあった。

また、二代将軍の秀忠と三代将軍の家光は、海外貿易を制限し、いわゆる鎖国体制を完成させていく。最終的なきっかけとなったのは、一六三七年（寛永一四）の農民反乱、島原の乱だった。この乱は幕府軍によって鎮圧されるが、以後、幕府は、信者が団結する恐れのあるキリスト教を厳しく取り締まり、鎖国体制をとることを選んだのである。

こうして、徳川幕府による政治は、四代家綱の時代には安定していた。父家光が死去し、子の家綱が将軍になったとき、家綱はまだ一一歳だったが、すでに幕府機構は整備され、保科正之や酒井忠勝といった補佐役がいたために、将軍が幼少でも問題は生じなかった。幕府の政治は、武力を背景とした専制的な武断政治から、法律によって国を治める文治政治へと変わりつつあった。

五代将軍綱吉は、そうした安定的な幕政を引き継いだ。綱吉というと、生類の殺生を禁じた生類憐みの令を出したことで有名であり、また度重なる寺社造営などで出費を重ねたことで、幕府の財政破綻を招いた将軍としても知られている。

そうした財政状況のなか、次の将軍に就任した家宣は「正徳の治」とよばれる政治の刷新をはかるが、在職わずか三年余りで死去した。その後は、幼少の家継が引き継ぐものの、八歳で亡くなったため、紀伊藩主の徳川吉宗が八代将軍に就任することになった。

吉宗は、逼迫した財政を立て直すために、質素倹約を旨とする幕政の改革に取り組む。これが「享保の改革」である。吉宗の改革は多くの成果をあげ、幕府の財政は一時的には好転する。しかし、相次ぐ飢饉や、年貢の割合の引き上げは庶民の生活を圧迫し、全国で数多くの百姓一揆を引き起こすことになった。

そこで、吉宗亡きあと、幕府の実権をにぎった老中の田沼意次は、それまでの倹約路線を改めて、民間の経済活動を活発にすることで景気回復につなげようと試みた。この田沼時代は、賄賂政治が横行したと評されることもあるが、商業資本を成長させようとする従来にはない改革であり、それが実を結んで、文化や学問が多様に発展した時代でもあった。

しかし、ときの将軍の家治が死去すると、田沼は失脚し、再び政治は松平定信の登場によって農業重視路線に戻される。松平定信は徳川吉宗の孫で、将軍家斉の老中首座をつとめた人物である。

定信は祖父吉宗を手本に、農業重視、質素倹約を柱として「寛政の改革」を実行するが、重農主義的な経済政策では、すでに発展していた貨幣経済に対応できなかった。また、人々の贅沢を厳しく取り締まったために反発を招き、六年余りで退陣に追い込まれたのだった。

その後は、貨幣を改鋳して大量に流通させ、一時的に幕府財政がうるおったため、将軍家斉や大奥の暮らしは華美になり、商人の経済活動が活発化した。しかし、時代はすでにヨーロッパ列強が日本に接近する局面に移ろうとしていた。海防費がかさむようになり、幕府は衰退への道を歩み始める。

そうしたなか、一八三七年（天保八）、大塩平八郎が幕政を批判して挙兵したことは、幕府に大きな衝撃を与えた。反乱は鎮圧されたものの、幕府は支配体制を揺るがしかねなかったこの事件を受けて、老中水野忠邦を中心に幕府権力の強化を目指した。この改革は「天保の改革」とよばれ、再び幕府は倹約令を出し、人々の生活と風俗を厳しく統制しようとした。

しかし、農民から年貢を取り立てて成り立つ幕藩体制の構造は、すでにこの時代には限界を迎えていた。倹約令は景気の悪化を招き、天保の改革は二年余りで失敗に終わった。

そして、一八五三年（嘉永六）、ついにアメリカ軍のペリー提督が日本に開国を求めて浦賀に来航する。幕府は交渉の末、アメリカと日米和親条約を結び、イギリス、ロシア、オランダとも同様の条約を締結。二〇〇年以上にわたった鎖国政策は崩壊したのである。

その後、大老井伊直弼（なおすけ）は、独断で日米修好通商条約に調印し、安政の大獄で反対派をおさえこむが、一八六〇年（万延元）に桜田門外で暗殺され、幕府の権威は大きく揺らいだ。

そこで幕府は、失われた権威を回復しようと、公武合体（こうぶがったい）路線を選んで朝廷と手を結び、幕藩体制の立て直しをはかるが、同じ倒幕という目的をもった長州藩と薩摩藩が薩長同盟を結んだことで事態は一変。将軍慶喜（よしのぶ）は、武力による倒幕を回避するために、一八六七年（慶応三）、大政奉還を行って政権を朝廷に返上した。

これによって、鎌倉幕府以来およそ七〇〇年間続いた武家政治は終了したのである。

明の滅亡から、清の栄光と没落まで

日本の江戸時代は、中国では、明帝国の末期から、明に代わった清帝国が繁栄し、やがてヨーロッパ列強によって食い荒らされていく時代に当たる。

まず日本の江戸時代初期、明は北方の女真族と対決しようとしていた。それ以前、満州の女真族はいくつかの部族に分かれていたのだが、建州女真のヌルハチが統一し、一六一六年に後金（こうきん）を建国した。金の滅亡以来、約四〇〇年ぶりの女真族による建国だった。明はその脅威をおさえるため、満州に大軍を送り込むが、一六一九年のサルホの戦いで完敗し、後金を勢いづけた。

ヌルハチの子・ホンタイジの時代の一六三六年、後金は国号を清と改め、女真を満州（マンジュ）と改めた。彼らはモンゴル文字を応用して、満州文字という独自の文字もつくりあげていた。その間、明は満州に大軍を派遣し、後金＝清を押さえ込もうとしたが、それは軍事費の増大を招き、庶民に重税を課さざるをえなくなった。そこに飢饉が発生、各地で農民の反乱が起きた。その反乱軍の頭目となったのが、宿場役人上がりの李自成である。明の主力軍は、清との国境である山海関に釘付けされていて、明帝国の手元には李自成の反乱を食い止める兵力がなかった。一六四四年、李自成の軍団は北京に侵攻、明帝国は滅びた。

中央が滅んでも、山海関を守る明軍の主力は健在だったが、当然彼らも動揺した。明軍の武将・呉三桂は、李自成ではなく、清軍に降った。清軍は呉三桂の軍に導かれて、容易に中国本土に侵入、李自成軍を破って北京を手に入れた。これより、清による統治が始まる。清は、明の残党と各地で戦い、一六六一年にほぼ平定する。清は、支配地では、漢人の男子に満州族の習俗を強制、男性はすべて辮髪となった。辮髪を拒否すれば、首が飛んだ。

清帝国に最後まで抵抗したのは、父は海賊、母は日本人の鄭成功である。鄭成功は、オランダ人が貿易拠点を築いていた台湾に目をつけ、一六六一年にオランダ人を台湾から追放、そこを反清の拠点とする。海戦を苦手とする清は手を焼くものの、鄭成功の死後の一六八三年に鄭氏を屈伏させ、台湾を併合した。

一六六一年、清では康熙帝が即位する。康熙帝以降、雍正帝、乾隆帝の三代の約一三〇年間、清帝国は全盛期を迎える。康熙帝の時代には、清を中国大陸に導き入れた呉三桂らが反乱を起こすが、同帝は三藩の乱と呼ばれるこの乱を平定したのち、モンゴルで強盛化したジュンガル部を討伐する。この時代、ロシアがシベリアに進出してきていたので、同帝はロシアのピョートル一世との間にネルチンスク条約を結び、国境線を確定させた。これは、中国が外国と対等な関係で結んだ初の国際条約である。

中国に大きな繁栄をもたらした清帝国がぐらつくのは、一八世紀末、乾隆帝の末期からである。かつて、元を崩壊させた白蓮教徒がふたたび反乱を起こし、それをおさえるために軍事費が増大、豊かだった国庫が窮乏しはじめる。

清の没落を決定づけたのは、一八四〇年に起きたアヘン戦争である。清は、基本的には海禁政策をとっていたが、広州のみでイギリスなどを相手に制限貿易を行っていた。イギリスは、中国茶を輸入していたことで、対清では貿易が赤字だったので、インド産のアヘンを中国に密輸しはじめる。そのイギリスの狙いは当たり、中国からイギリスに大量の銀が流出した。

やがて、清はアヘンに対して断固とした処置をとり、アヘン密輸の停止をイギリスに求めた。清の強固な姿勢に対して、イギリスは武力で解決を図る。アヘン戦争はこうして勃発、すでに産業革命を経ていたイギリス軍の火力が清軍を圧した。

一八四二年、清はイギリスとの間で南京条約を結び、香港をイギリスに割譲、賠償金二一〇〇万ドルを支払うとともに、五つの港を開港することになった。

このアヘン戦争は、ヨーロッパ勢力の中国進出の突破口となった。一八五六年、イギリスとフランスはアロー号戦争を起こし、広州を占領する。清帝国はふたたび敗れ、次々と不利な条約を呑まされて、半ば植民地化の道をたどることになった。

そんななか、キリスト教の影響を受けた洪秀全は、上帝（神）への帰依を説く上帝会を組織し、一八五一年に信徒らと挙兵する。反乱は一気に拡大し、洪秀全は「天王」を名乗り、国号を「太平天国」とした。それが太平天国の乱であり、太平天国の軍は南京を陥落させ、首都とした。彼らは「滅満興漢」、つまりは満州人の清王朝を滅ぼし、漢人国家を打ち立てることを叫んだ。皮肉なことに、満州族打倒を唱えた反乱をおさえたのは、満州族の軍ではなく、漢人の軍であった。曾国藩の湘軍、李鴻章の淮軍などの義勇軍によって乱は終息し、漢人の実力者が清帝国の中枢にはいるきっかけとなった。

◉日中関係史を知るキーワード　対馬藩

対馬の宗氏が国書偽造してまで、日朝国交を再開させたのは？

江戸幕府が開かれた頃、日本と朝鮮との国交は断絶していた。豊臣秀吉が、二度の朝鮮出兵を行ってから一〇年に満たない時期だったためだが、断絶状態にあった国交の回復に執念を燃やしたのが、鎌倉時代から対馬を支配してきた宗家である。

徳川政権の幕藩体制下、対馬府中藩の初代藩主となった宗義智（よしとし）は、日本を恨む朝鮮側と交渉を続け、国交再開の条件を引き出すことに成功する。その条件は、まず家康の方から先に国書を送ること、そして朝鮮出兵の際、朝鮮国王の墓を荒らした犯人を引き渡すことだった。

そこで、義智は家康の国書を偽造する。さらに、対馬の罪人ののどを水銀でつぶし、声が出ないようにしてから、王墓荒らしの犯人として朝鮮へ引き渡した。

以後、義智は三度に渡って国書を偽造し、一六〇七年（慶長一二）、朝鮮使節と二代将軍秀忠、家康との謁見にこぎつける。その二年後、対馬と李氏朝鮮の間で「慶長条約（己酉約条）」が締結され、断絶していた朝鮮との国交が回復した。

義智が国書を偽造してまで朝鮮との国交を回復しようとしたのは、対馬の経済的繁栄を取り戻すためだった。

対馬は山がちな土地柄で、農業には適さない。にもかかわらず、宗氏が鎌倉時代以来、対馬を支配してこられたのは、日朝貿易の賜物だった。日本と朝鮮の中間に位置するという地の利から、両国の貿易を仲介して利益を上げてきたのだ。

たとえば、室町時代の一四四三年、朝鮮との間で結んだ条約では、対馬から朝鮮へ向かう船は毎年五〇隻が上限とされ、代わりに米を朝鮮から支給されると決められていた。つまり、宗氏は日朝貿易の仲介によって、島民の主食となる米を確保していたのだ。

したがって、日朝貿易がとだえることは、島民の生きる糧を失うことになる。「なんとしても、日朝貿易を再開しなければ」というのが、義智の念願だったのだ。

なお、義智の死後、国書の偽造が発覚し、宗家は存亡の危機に立たされる。しかし、三代家光の前で行われた評定の結果、宗家はお咎めなしとされた。幕府は、朝鮮事情に精通した宗家に、その後の日朝貿易も担当させるのが得策と判断したのだった。

◉日中関係史を知るキーワード　朝鮮通信使

朝鮮通信使はどのような理由で来日していた？

江戸初期、日朝関係が復活すると、一六〇七年（慶長一二）、江戸時代初の朝鮮通信使が来日し、家康と二代将軍の徳川秀忠に謁見した。以後、約二〇〇年の間に一二回、朝鮮から通信使が派遣されてきた。

その間、時代とともに、通信使の役割は変わっていく。初回から三回までは、朝鮮では「回答兼刷還使」と呼ばれ、日本の謝罪と日本に残留している俘虜約四〇〇〇人の送還を実現することが、使節の目的だった。

当時の朝鮮には依然、日本の侵略に対する恨みが残っていた。その一方、日本の再出兵への恐れから、日本と友好関係を築くべきだという意見もあった。そこで、朝鮮側としては国交回復を進めるなか、日本に謝罪と俘虜の送還を求めるという外交方針をとったのだ。そのため、朝鮮は「回答兼刷還使」という名称にもこだわった。

これに対し、幕府が公式に謝罪したという記録はない。その代わり、前項で述べたように、対馬藩の宗義智が、謝罪の国書を偽造して送り届けていた。また、俘虜の送還も、約四〇〇〇人という朝鮮の求めに対して、実現したのは一七〇七人だったとみられている。

俘虜のうち、たとえば儒家のほとんどは帰国したが、陶工たちの多くは日本に残った。職人は朝鮮では下層階級として扱われていたが、日本では高く評価されたので、陶工たちは自主的に残ったともいわれている。彼らが日本の焼き物の品質を大きく向上させる。

四回目以降の使者は「通信使」と呼ばれ、そのほとんどは将軍の代替わりを祝うために来日した。

使節団は三〇〇~五〇〇人程度の規模で、釜山から海路で対馬、馬関（下関）を経て、瀬戸内海へ入り、大坂からは淀川をさかのぼって、京に着いた。京からは行列を連ね、江戸へと向かう。滋賀県の野洲市から彦根市の間には、いまも「朝鮮人街道」と呼ばれる道が残っている。当時、京から江戸へ向かう使節の行列が通った道路である。幕府は、各地の大名に警護と接待を命じ、一行の宿舎には、日本の学者や文化人が訪れて朝鮮文化に触れた。

一方、幕府は、通信使を形式的には対等に扱いながら、日本の民衆には将軍の徳を慕って来日したと宣伝し、将軍の権威誇示に利用した。幕府は朝鮮に正式の返使は送らず、対馬藩が代行した。朝鮮側も、軍備上の理由として、釜山までしか通行を許さず、朝鮮での外交的儀式は釜山の倭館で行われた。

最後の通信使は一八一一年（文化八）に訪れているが、対馬まで来て帰っていった。日朝とも財政難であったこと、またすでに日本近海にヨーロッパの船が出没するようになっており、幕府の関心がもはやロシアやイギリスといった列強の動向に向いていたという事情があった。

◉日中関係史を知るキーワード　海船互市新例

海船互市新例で貿易を制限した日本に対して、清が見せた反応は？

江戸幕府は、朝鮮、オランダ、中国とは貿易を行っていた。中国からの輸入品は生糸や絹製品、砂糖などで、輸出品は金、銀、銅である。その輸出額が年々増えていくことを危惧したのが、江戸中期の政治家・新井白石である。

白石は、長崎貿易の決済に金銀が多用されていることによって、国内通貨量のうち、金貨の四分の一、銀貨の四分の三が海外に流出していると計算した。そのままでは国内の金銀が払底し、金貨、銀貨の鋳造が困難になると心配した。

そこで、一七一五年（正徳五）、海船互市新例（長崎新令）を発布。清との貿易船は年間三〇隻まで、取引額は銀に換算して六〇〇〇貫とし、それまでの半分に制限した（オランダは三〇〇〇貫、年二隻）。なおかつ、清船には三〇隻にかぎって「信牌」という貿易許可証を与え、それを持参しないと、長崎への入港を認めないことにした。

貿易量が半分に制限されたのだから、当然、清には商売ができなくなった船主が続出。船主らは、清朝に幕府の措置は「中華思想（華夷秩序）」に反すると訴えた。中国には中国の朝廷こそが世界の中心であり、その他の国は従うべき野蛮な国という考え方がある。それなのに、日本の年号入りの許可証を手にすることは、日本と中国の対等な関係を認めることになり、中華思想に反すると批判したのである。清朝は、さっそく商人から「信牌」を回収した。

これに対し、幕府が「信牌」を持たない船の入港を断固として拒むと、清朝はあわてて商人たちに「信牌」を返却、貿易を再開させた。こうして、清朝が結果的に幕府の方針に従うことになったのは、日本との貿易が絶たれると、清の貨幣経済が成り立たなくなる恐れがあったからである。

清の貨幣制度は、銀銭と銅銭の二本立てだったが、中心となっていたのは銅銭で、その原料となる銅の六〜八割を日本から輸入していた。日本が銅銭を輸入していた平安時代から室町時代にかけてとは話が逆になっていて、この時代には、日本からの銅の輸入がとだえれば、中国の方が新たな銅銭を鋳造できなくなり、貨幣不足から経済が混乱しかねなかった。

そこで、清朝は「信牌の年号は、単なる商業上の記号にすぎない」と言いつくろって、中華思想よりも日本との貿易を優先させたのである。

第七章
明治・大正時代

明治・大正時代の日本

▼新政府はそもそも何を目指していたのか

一八六七年（慶応三）徳川慶喜が大政奉還を行った二カ月後の一二月九日、討幕派は王政復古の大号令を発し、天皇を中心とする新政府を樹立した。これをもって、二六〇年以上の歴史をもつ江戸幕府は倒れ、新政府が新たな中央政権となった。

徳川家は官職と領地を剥奪され、単なる一大名へと転落したが、まだ新政府と旧幕府の戦いは終わったわけではなかった。勝海舟と西郷隆盛の交渉により、江戸城は無血開城されたものの、戦いは一八六八年（慶応四）一月から翌年五月まで続いた。この一年以上続いた内戦を「戊辰戦争」という。

明治新政府は、戊辰戦争が終息すると、一気に制度改革を進めた。まず新政府は、版籍奉還を実行し、全国の藩主が所有する土地と人民を天皇に返還させた。次に、廃藩置県に踏み切り、藩制度そのものを全廃した。これで、すべての藩は廃止されて府県となり、明治新政府による国内の統一が完成した。

また、新政府は封建的身分制度を撤廃し、藩主や公家は華族、藩士や旧幕臣は士族、百姓や町人は平民とし、一応、四民平等の世の中が実現された。

しかし、政府のこの方針に対して、士族は不満をつのらせていく。士族はさまざまな身分的特権を奪われたうえ、経済的にも困窮するようになっていたのである。

そうした士族たちの不満は、やがて新政府への反乱へとつながっていく。最大の士族反乱となったのは、西郷隆盛を首領として鹿児島士族がおこした西南戦争である。

それ以前、西郷は、明治六年の政変で大久保利通（としみち）らと対立し、職を辞し、薩摩に戻っていた。彼は薩摩士族によって反乱軍の指導者にかつがれ、約半年にわたって新政府と戦いを繰り広げた。そして、元武士の薩摩軍は、徴兵制によって集められた政府軍に敗北し、西郷は自決する。この西南戦争を境に、政府に対する士族の反乱は終息する。

反政府勢力は、武力では勝てないと悟ると、言論活動に活路を見いだそうとする。そうして、国民の自由と権利を要求する自由民権運動が急速に高まっていく。一八七四年（明治七）、板垣退助（いたがきたいすけ）らが民撰議院設立建白書（みんせんぎいんせつりつけんぱくしょ）を提出したことを皮切りに、国会開設や憲法制定を求める運動が全国に広がっていった。

政府はこの運動をしばしば弾圧した。政府も将来的には憲法制定と議会設立が必要と考えていたが、まだ時期尚早であり、また自分たちが主導権を握るため、自由民権運動を弾圧したのである。

その後、紆余曲折を経て、一八八九年（明治二二）には大日本帝国憲法が発布され、翌一八九〇年（明治二三）には第一回総選挙が行われて、帝国議会が開かれた。日本は、アジア初の立憲君主国家になったのである。

ただ、大日本帝国憲法では、天皇にさまざまな権限が集中し、国民の基本的人権は「法律ノ範囲内」という条件付きで認められたにすぎなかった。

また、衆議院の議員を選挙によって選ぶことが可能になったが、選挙権を有するのは、直接国税を一五円以上納めた満二五歳以上の男性に限られており、有権者は全人口の一％強しかいなかった。以後、政府と旧民権派の争いは、初期議会に持ち込まれる。

ところが、議会の争点が条約改正問題へと移っていくと、対立していた両者は協力体制をとりはじめる。旧幕府が欧米諸国と締結した不平等条約の改正は、国家の独立と富国強兵を目指すうえで、避けては通れない課題のひとつだったのだ。

そんななか、第二次伊藤内閣の外相陸奥宗光は、自由党の支持を得て、一八九四年（明治二七）にイギリスとの条約改正に成功する。

そして同年、日本は、清国に向けて宣戦布告し、近代では初の対外戦争である日清戦争へと突入するのである。

この戦争は、日本と清が朝鮮半島の支配権を争った結果、おこったもので、日本の圧倒的勝利に終わった。日本は、遼東半島と台湾を割譲されて初の植民地を手に入れたほか、二億テール（約三億一〇〇〇万円）という、国家予算の三年分に相当する巨額な賠償金を手に入れたのである。

ところが、ロシアは遼東半島の割譲は自国の権益伸張が阻害されるとみて、フランスとドイツとともに、日本に同半島の返還を要求した（三国干渉）。この一件以来、日本国内では反露感情が渦巻き、日本は、やはりロシアの南下政策に脅威を感じていたイギリスと同盟を結び、日露戦争へと突入していく。

日本はこの戦争にも勝利するが、この戦いは日本にさほどの利益をもたらさなかった。日本は、一九〇五年（明治三八）、ロシアとポーツマス条約を結び、満州と朝鮮の権益を確保したものの、賠償金は得られなかった。増税に耐えてこの戦争を支えた国民は、その結果に不満を抱き、また日本経済は戦後不況に苦しむことになった。

大正時代へ入ると、最初の世界戦争である第一次世界大戦が勃発した。一九一四年（大正三）に、オーストリア皇太子夫妻がサラエボでセルビアの学生に暗殺されたことをきっかけに、三〇ヵ国以上を巻き込む大戦争がヨーロッパでおこったのである。

この戦争は、日本に明治末期からの財政危機を吹き飛ばすほどの大戦景気をもたらす。列強がアジア市場から後退している間に、戦火の外側にいた日本は貿易で利益をあげ、大戦が終結して二年たった一九二〇年（大正九）には、債権国になっていた。しかしながら、終戦後にヨーロッパ諸国の復興が進むと、アジア市場を独占できなくなった日本経済は、再び苦境に立たされることになる。

清の滅亡から、中華民国の成立まで

日本が明治・大正と近代化を進めていく時代、中国は外圧によって半ば植民地状態にまで追い込まれる。

まず、明治維新によって日本で近代化がスタートしたころ、清でも近代化運動が起きる。太平天国の乱の鎮圧で功績のあった曾国藩、李鴻章らが主導して、近代工場が建設され、鉄道が敷設された。それらを洋務（ようむ）運動と呼ぶが、結局、日本の文明開化と違って、この動きはさほどの成果をもたらさなかった。

その差は、一八九四年の日清戦争で明らかとなる。日清戦争は、朝鮮半島での主導権をめぐっての戦いだったが、日本軍の連戦連勝に終わった。敗れた清帝国は、朝鮮の独立を認め、台湾、澎湖（ほうこ）諸島、遼東半島を日本に割譲、巨額の賠償金を日本に支払うことになった。

日清戦争の敗北は、清の洋務運動が中途半端だったことを白日の下にさらした。

それは西洋の技術には学ぶが、中国の伝統的文化を基本とする「中体西用」思想の限界といえた。西洋の思想や統治体制まで取り入れた日本におくれを取った挫折から、洋務運動は終わり、新たに変法運動が起きる。康有為らは、皇帝専制体制に限界があるとし、西洋の近代政治システムを導入しようとした。

その流れに乗った光緒帝は、康有為らを登用し、政治改革に挑むが、わずか三カ月で西太后のクーデターによって覆された。西太后は、政体を急激に変えるほどの変革を嫌ったのである。

これで、清国内の改革の芽は摘まれ、清はさらに欧米勢力の食い物にされていく。イギリスは長江流域、フランスは広州周辺、ロシアは満州、ドイツは山東半島を勢力圏に入れ、アメリカは中国の門戸開放を唱えながら新規参入を狙っていた。

その列強の動きは、中国国内のナショナリズムを刺激した。不穏な空気が高まり、一九〇〇年、白蓮教の流れをくむ義和団が蜂起する。彼らは「扶清滅洋」（清朝を扶け西洋を撃滅する）を唱えて北京を襲撃、各国公使館を包囲した。西太后らはこれを外国人追放の好機と見なし、義和団を支援したばかりか、各国に宣戦布告した。これに対して、日本をはじめ、イギリス、ロシア、ドイツなど八カ国が出兵、義和団を鎮圧した。

これが義和団の乱（北清事変）の顚末であり、清朝は義和団を支援した責任を負わされた。各国と交わした北京議定書では、九億八〇〇〇万両の賠償金を支払い、外国軍の北京駐兵権を認めることになった。

義和団の乱はロシアのさらなる南下を招いて日露戦争の遠因になる。同戦争は、清の建国者の出身地・満州を舞台としたが、それに対しても清帝国は口すらはさめなかった。

そのころから、清朝は中国人からも見捨てられ、清打倒を目指す革命結社が次々と結成される。打倒清の大きな震源地となったのは、東京である。当時、日本には大勢の中国人留学生がやってきていたのだ。彼らは、日本で近代国家の実力を知り、一九〇五年、孫文（そんぶん）らが東京で中国同盟会を結成した。

一方、中国国内では、清によって西洋式の軍隊である新軍が生まれた。このとき、新軍を牛耳ったのは北洋大臣の袁世凱（えんせいがい）であり、彼は資本家と手を結び、北洋軍閥をつくりあげた。彼は、内心では、清朝に代わって新たな帝国の支配者となろうとしていた。

一方、孫文の中国同盟会は、中国国内で革命運動を試みるが、失敗がつづいた。ようやく一九一一年、湖北省武昌での蜂起が成功すると、中国各地で武装蜂起がつづき、革命勢力は孫文を臨時大総統とし、一九一二年に南京で中華民国を建国した。これが辛亥（しんがい）革命で、長い皇帝専制政治を終わらせた民主革命とされる。だが、それは新たな混乱の始まりであった。中華民国の建国者たちは、目指すものがバラバラだった。軍事力をもたない孫文に彼らをまとめる力はなく、当時、最強の軍事集団だった北洋軍閥の袁世凱と取り引きするしかなかった。こうして、袁世凱は北京の宣統帝を見捨て、臨時大総統の地位を得る。袁世凱に見捨てられた宣統帝は退位、清朝は滅びた。

まもなく、袁世凱と孫文との対立が始まり、孫文らが国民党を結成し、初の国会選挙で第一党となると、袁世凱は弾圧姿勢を強め、孫文らは海外亡命をよぎなくされる。

勝者となったかに見えた袁世凱は、皇帝への道を求めるが、列強からの圧力もあって阻まれる。結局のところ、北京の軍閥政権も力不足であり、中国国内の混乱を収拾できる勢力はどこにもなかった。

一九一五年、袁世凱政府は、第一次世界大戦中に、日本からの対華二十一ヵ条の要求を呑まされる。

日本側の強硬な要求はやがて大衆の知るところとなり、中国国内のナショナリズムに火をつけた。一九一九年五月四日に大がかりなデモがはじまり、五・四運動という反日運動となった。

一九一七年にロシア革命が成功すると、共産主義が中国に流入、一九二一年にはモスクワのコミンテルン（共産主義インターナショナル）の主導によって、中国共産党が結成される。コミンテルンは孫文にも接近し、国民党のもとに革命勢力を結集させようとうながす。一九二四年、国民党と共産党は提携し、第一次国共合作が成立し、一九二五年、国民党は広州に広東国民政府を樹立、北方の軍閥に対抗することになった。

◉日中関係史を知るキーワード　台湾出兵

台湾出兵をめぐる日本と清の外交的駆け引きの結末は？

日本は、明治維新後まもなく、台湾と琉球に兵を出す。台湾出兵は一八七四年（明治七）、琉球に出兵したのは、その五年後の一八七九年（明治一二）のことである。

相次ぐ出兵の動機は、おもに二つある。一つは、欧米列強の進出を警戒し、日本列島の南西方面の防衛を固めようとしたこと。もう一つは、明治維新後、武士の特権を奪われた旧下級武士らの不満をそらし、内戦を避けるためには戦いの場が必要だったのである。

ただし、海を越えての出兵には、それなりの大義名分が必要となる。日本は、清との外交的駆け引きのなか、なんとか大義名分を用意して出兵することになった。

まず、琉球は当時、琉球王国が支配し、清と日本の両方に属するというあいまいな地位にあった。明治政府は、廃藩置県のさい、琉球を鹿児島県の管轄下とし、さらには「琉球藩」の設置を申し渡す。しかし、清王朝は、琉球を日本の領土の一部とは認めていなかった。

そんななか、琉球船の乗組員六六人が台湾に漂着し、五四人が台湾先住民に殺害されるという事件が起きる。明治政府は、その賠償と犯人の処罰を清に求めるためにも、琉球が日本の領土であることを示す必要が生じた。一方、清は、琉球は清の属国なので、この殺人事件はいわば国内問題、日本とは関係ないと主張した。

明治政府が台湾へ出兵したのは、そのときである。西郷従道率いる陸海軍を派遣し、台湾先住民を降伏させた。そして、清との間に「互換条款」を結び、「日本国の属民等」が台湾の先住民に殺されたことに対して、日本の台湾出兵は人民を保護するための正当な行為であり、中国はそれを否定しないとした。

そして、明治政府は、改めて琉球に対して、中国への朝貢をやめて冊封体制から離脱すること、そして「明治」の年号を用い、刑法を日本の通りに改めることなどを命じた。

琉球王朝がこの命令を拒否すると、明治政府は、一六〇人の警官と四〇〇人の陸軍歩兵を動員。首里城へ乗り込んで、強引に沖縄県の設置を行った。これで、日本と中国の間で巧みに生き延びてきた琉球王国は、ついに滅びることになった。

◉日中関係史を知るキーワード　日清戦争

そもそも日清戦争はどんな戦いだった？

一八九四年（明治二七）七月二五日、朝鮮の漢城近くの海上で、日清両軍が戦闘を開始した。八月一日、互いに宣戦布告を行い、日清戦争が正式にはじまった。

それ以前、日清両軍は、朝鮮で起きた「甲午（こうご）農民戦争」を鎮圧するため、朝鮮半島へ兵を出していた。当時の朝鮮では、農村を中心に経済が疲弊していたため、民間信仰団体の東学党を中心とする反乱が起きていたのだ。

これに対して、朝鮮政府は清に援軍を要請する。一方、日本は、呼ばれてもいないのに、議会から「弱腰」と突き上げられた伊藤博文内閣が、居留民の保護を名目に軍を派遣したのである。

当時の日本は、猛烈な勢いで西洋化を進め、遅ればせながら植民地獲得競争に参加し、台湾、琉球に続いて、朝鮮半島にも目をつけていた。富国政策で国内の生産力がアップしても、国内消費が伸びないため、朝鮮という市場が必要だったのだ。

日本が朝鮮半島に進出しようとすれば、むろん朝鮮と冊封関係を結んで、朝鮮を属国としている清との対立が激しくなる。しかし、ロシアが東アジア一帯での南下姿勢を強めていたので、それに対して先手を打つためにも、朝鮮を占領しておく必要があると考えられていた。

そのような情勢のなか、朝鮮半島の反乱自体は、朝鮮政府が農民の要求を一部聞き入れたこともあって、まもなく収束する。ところが、日清両軍はともに撤兵しようとせず、にらみ合う形になって、やがて戦闘に発展する。

しかし、日清戦争は日本のワンサイドゲームとなった。すでに軍の近代化を進めていた日本と、旧式の清国軍では戦いにならなかったのだ。日本は二カ月もたたないうちに遼東半島まで占領してしまう。

まだまだ小国と思われていた日本が大国清を軽々と破ったことは、世界に衝撃を与えた。日本は、この戦争で勝ち取った賠償金をもとに、さらに経済を発展させ、列強の一角として認められるようになっていく。

一方、清朝の国際的評価は一気に下落。滅亡への坂道を転げ落ちることになる。

◉日中関係史を知るキーワード　日清講和条約

日清講和条約がもたらした波紋とは？

日清戦争は、一八九四年（明治二七）七月二五日にはじまるが、わずか二カ月後には事実上勝負が決していた。一〇月には、イギリスが調停に動いたほどだ。イギリスは、清の政治体制が揺らぐと、イギリスの権益が脅かされると、日本が勝ちすぎることを警戒したのである。また、敗戦を悟った清も一一月には講和を希望し、アメリカを通じて日本側へ打診した。

これに対して、日本は講和を有利に進めるため、駆け引きに出る。講和交渉に応じながらも、台湾を占領するなどの軍事行動を続行した。さらに、全権大使の伊藤博文首相と陸奥宗光外相は、広島県庁で清との会談にのぞむが、清から派遣されてきた大使の官位が低く、全権としての資格を備えていないと、交渉を拒絶する。もちろん、軍事行動をさらに展開させるための時間稼ぎである。

清は、そのような日本の強硬姿勢にあわて、直隷総督兼北洋大臣の李鴻章を全権大使に任命。年を越えた一八九五年（明治二八）の三月二〇日、下関で講和会議が再開された。清はまず休戦を申し入れるが、日本側が提示した条件は、清を青ざめさせるものだった。その内容は、天津、山海関などの占領と同地の鉄道の日本支配、休戦中の軍費を清国が負担することとなっていた。

ところが、交渉中の三月二四日、李鴻章が日本の男にピストルで襲われるという事件が起きる。幸い、弾丸は李鴻章の頬をかすめただけだったが、この事件で、今度は日本が狼狽することになった。日本は国際社会からの批判を恐れ、清が求める休戦を呑まざるを得なくなった。

ただし、条約案の方は、日本は厳しい条件を突きつけ続け、李鴻章は抵抗するものの、日本軍の増援部隊が旅順へ向かったと聞かされ、受け入れざるを得なくなった。

四月一七日に締結された内容は、朝鮮の独立を認め、遼東半島、台湾、澎湖諸島を日本に割譲する、賠償金二億両（テール）を払う、重慶、蘇州、杭州などを日本に開放するといったものだった。

しかし、その六日後、ロシア、フランス、ドイツの三国代表が日本の外務省を訪れ、遼東半島の放棄を勧告する。いわゆる「三国干渉」である。

ロシアは、東アジアへの進出をもくろんでいたので、遼東半島への日本の進出は許しがたいことだった。そこで、フランスとドイツを誘って、干渉策に出たのだ。日本としては、列強の勧告を聞き入れるしかなく、遼東半島の割譲は放棄した。

◉日中関係史を知るキーワード　戊戌の変法

明治維新に学んだ清の改革「戊戌の変法」とは？

一九世紀前半、清は、アヘン戦争の敗北をさほど深刻には受け止めなかった。西洋の科学技術を取り入れようとする「洋務運動」が展開された程度で、日本の明治維新のような大きな政治改革にはつながらなかった。清が本当に危機感を強めるのは、一九世紀の終わり、日清戦争に敗れた後のことである。

清には、小国・日本に敗れたことで大きな危機感が生じ、日本の明治維新を手本に大改革を実施して、国力を高めていこうという考え方が生まれた。それが、いったんは「戊戌（ぼじゅつ）の変法」という政治改革につながる。

その改革の主導者の一人だった康有為（こうゆうい）は、その著書『日本変政考』の序文で、「わが国の変法は、日本を鑑にするだけで十分だ。中国の変法自強は、ことごとくこの本の中にある」と書いた。そして、「西洋各国が五〇〇年かけて築きあげたことを日本は二〇年余りで成し遂げた。日本の変法の成功をお手本にし、その誤りを捨てれば、中国は八年で効果をあげ、一〇年で達成するだろう」と記した。

具体的には、「戊戌の変法」では、政治体制の変革、議会制の導入、新式陸軍の創設、科挙の改革、近代的な学制の導入などがめざされた。

しかし、この改革は、西太后一派のクーデターによって挫折し、清王朝はさらに傾いていく。

◉日中関係史を知るキーワード　義和団事件

なぜ日本は二万人以上の軍隊を送り込んだ?

清朝末の中国人は、欧米人に対して怨みをもつ者があふれていた。欧米資本で建設された綿織物工場のせいで綿布が売れなくなった人々や、新たに開通した鉄道によって運送の仕事を失った人々など、外国人に恨みをもつ民衆が増えていたのである。

一八九九年、そんな不満を反映して起きたのが、「義和団」という集団によるキリスト教会の破壊活動だった。義和団は弥勒菩薩を信仰する宗教集団であり、彼らはヨーロッパ人の侵入こそが諸悪の根源と考え、キリスト教会を襲撃したのだった。

このような義和団の乱は急速に広まり、翌一九〇〇年には二〇万人規模の運動へと発展した。そして、北京の外国人公館を包囲すると、外国人の中国からの撤退を要求した。

そうした状況に対して、清朝政府は取り締まるどころか、義和団の一連の行動を支持した。そして、列強の連合艦隊が天津近郊を占領すると、西太后は列強に対して宣戦を布告した。

この清朝の動きに対抗したのが、日本を含めた八ヵ国からなる連合軍だった。日本は、八ヵ国のなかでも、イギリスに次ぐ二万人以上の軍隊を派遣した。なお、他の七ヵ国はイギリス、ロシア、ドイツ、フランス、アメリカ、イタリア、オーストリアである。日本やイギリスは、利権をさらに拡大するため、この事件を利用しようとしたのだった。

連合軍が本格的に軍隊を送り込むと、義和団事件はあっけなく鎮圧される。

義和団に加担した清も、外国軍から多額の賠償金を要求され、さらなる不平等条約を押し付けられることになった。

この事件に関して、日本国内では、「義和団を倒すため、北京に進撃すべし」という世論が、新聞雑誌によって形成され、日本は事件後も軍隊を北京に常駐させるなど、清朝に介入し続けることになっていく。

◉日中関係史を知るキーワード　二十一ヵ条の要求

その要求の背後に見え隠れする各国の思惑とは？

第一次世界大戦が勃発すると、日本は日英同盟を結んでいた関係から、連合国側として参戦する。そして、東アジアにおけるドイツの拠点、山東半島を制圧する。さらに、中国からドイツと交戦することを認められていた区域の外へも兵を送り、青島（チンタオ）などを占領した。

そして、当時の大隈重信内閣は一九一五年（大正四）、袁世凱政権に対して、いわゆる「対華二十一ヵ条の要求」を行う。

その内容は、「ドイツが山東省でもっていた権益を日本が継承すること、関東州の租借期限を延長すること、満鉄の権益期限を延長すること、沿岸部を外国に割譲しないこと、中国政府に政治経済軍事顧問として日本人を雇用すること」の五項を柱としていた。

教科書的には、この要求は、日本政府が世界大戦のドサクサにまぎれて、中国にとって屈辱的な要求をしたと説明される。ただ、もうすこし詳しく述べると、この要求の背景には、各国の思惑が複雑にからみ合っていた。

もちろん、日本には、すでに手中におさめていた満州を独占支配するため、その支配基盤をより強固にしたいという思惑があった。当時、日露戦争後に、日本がロシアから継承した遼東半島の租借権と朝鮮と満州を結ぶ鉄道の経営権が、その七年後には解消することになっていた。また、南満州鉄道の経営権も、二四年後にはなくなることになっていた。対華要求に、関東州や満鉄の権益期限の延長が盛り込まれているのは、そういう事情からである。

また、日本国内では、財閥による経済支配が進む一方、生活苦にあえぐ国民が増えていた。さらに、軍部や産業界には、大陸進出の強硬論が渦巻き、政府にはその強硬論に乗るかたちで、国民の不満をそらすという意図があった。五号要求で中国政府の顧問として日本人を雇うという内容は、日本国民の関心を集めるために入れた項目といえた。

ところが、その対華要求は、そもそも中国の袁世凱側から持ちかけられたものだった。当初、第一次世界大戦は短期間で決着がつくと見られていたが、戦いは膠着状態に陥り、予想以上に長期化した。その結果、袁世凱政権は、欧米列強からの援助をそれまでのようには受けられなくなった。そこで、日本に援助を求めようと、その援助の代償として、中国利権を提供する用意があることを日本へ伝えてきたのである。

しかも、袁世凱は、日本からの要求案を見ると、より高圧的な文言にするように要請したという。そうすることで、袁世凱は、自国民には要求を受け入れざるを得なかったという印象を与え、国際社会には日本の横暴ぶりを宣伝しようとしたのだった。

じっさい、袁世凱は、五号の要求を細分化して二十一ヵ条の要求とし、国際的に日本の理不尽な要求という印象を与えた。とりわけ、アメリカは、袁世凱の意図した通り、日本を横暴で野蛮な国とみるようになる。それが、以後、日米開戦に至るまでのアメリカの日本に対する厳しい見方のベースになっていく。

◉日中関係史を知るキーワード　五・四運動

中国大衆による反日運動の顛末は？

第一次世界大戦の終結後、一九一九年に締結されたベルサイユ講和条約によると、敗戦国ドイツが持っていた山東省の権益は、中国ではなく、日本に譲渡されるとあった。

しかし、当時の中華民国は、大戦で英仏側に味方し、ドイツ敗戦後は、ドイツに渡していた権益を当然、中国が回収できるものと考えていた。それが、日本に渡ることになったのだから、中国国民は怒り、とりわけ憤激したのが、中国の学生たちだった。彼らは、同年五月四日、北京の天安門広場に集まると、政府高官の邸宅に火をつけるなどして、この条約の内容に抗議したのである。

この抗議活動は「五・四運動」とよばれ、その後、日本商品の排斥運動となって、全国に広がっていく。その中心となったのも学生たちで、彼らは街頭で演説したり、ビラを配るなどして、国民に呼びかけ続けた。

そうして、中国政府は世論におされるかたちで、ベルサイユ講和条約の調印を拒否する。運動のピークは約二カ月間で終わりをむかえるが、孫文は、こうした大衆運動の高まりをみて、自らが率いる組織を改編する。それまでの革命的な組織から、中国国民党という公の政党に衣替えしたのである。そして、孫文は党勢を拡大するため、一九二四年、中国共産党との合作に踏み切る。

その後、国共合作は、一九二七年に一度崩壊し、国共内戦へと突入するが、一九三七年、日本に対抗するため、再び合作し、その協力関係は日中戦争（太平洋戦争）の終結まで続き、日本軍と戦い続けることになる。

第八章

昭和から現在まで

昭和・平成・令和の日本

▼戦争に明け暮れた時代から、敗戦、そして経済大国へ

昭和の初め、日本経済は相次ぐ恐慌の影響で、不況の底にあった。大学卒業者の就職率はわずか三〇％で、町には失業者があふれていたのである。

そうした状況のなか、暴走しはじめたのが軍部である。まず、関東軍は、中国北東部にあたる満州を占領し、そこに新たな国家をつくることで、対ソ連、対中国の拠点にしたいと考えていた。そこで関東軍は、南満州鉄道を自ら爆破し、これを中国軍のしわざとして軍事行動をおこすと、一九三二年（昭和七）に満州国を建国したのである。

しかし、この日本軍の動きに、国際連盟がノーをつきつけた。国際連盟は満州国を日本の傀儡（かいらい）国家であるとし、日本に満州から撤退するよう求めたのだ。

そこで、日本は、一九三三年（昭和八）三月、国際連盟を脱退した。そして満州国を帝政に移行させ、日本は国際社会からの孤立を深めたのである。

一方、国内では、一部の青年将校が内大臣や蔵相らを殺害するという、近代史上最大のクーデターが勃発した。一九三六年（昭和一一）二月二六日未明におこった二・二六事件である。この軍部政権樹立を目的としたクーデター自体は失敗するものの、陸軍の政治的発言力はさらに強まるという結果をもたらした。軍に従わなければ命を狙われるのではないかという恐れが、政治家や官僚たちを萎縮させたのだ。以後、日本では軍国主義化がいよいよ進み、一九三七年（昭和一二）の日中戦争、一九四一年（昭和一六）の太平洋戦争と、約八年にわたって大規模な戦争に明け暮れることになった。

まず、日中戦争が泥沼状態に陥ると、政府は行き詰まった戦況を打開するため、日独伊三国軍事同盟を結んだほか、南方アジアへも進出したために、対米関係をより一層悪化させる。その結果、日米の対立は避けられないものになり、太平洋戦争が始まったのである。

この戦争は三年八カ月にわたって続き、一九四五年（昭和二〇）八月一五日、日本が無条件降伏をするという形で幕を下ろした。同年八月の広島・長崎への原子爆弾投下や、日ソ中立条約を無視したソ連の宣戦布告などにより、日本もようやく無条件降伏を受け入れたのである。

こうして、日中戦争、太平洋戦争とも終わりを迎え、日本は連合国の支配下に入った。以後、日本の政治は、マッカーサー元帥を最高司令官とする連合国軍最高司令官総司令部（ＧＨＱ）の指導のもと、日本政府が統治を行う間接統治の方法で進められていく。

まず、ＧＨＱは、日本が二度と国際的な脅威にならないよう、軍部・財閥解体、国家神道の廃止など、さまざまな改革をおこなった。一九四七年（昭和二二）には、戦前の大日本帝国憲法に代わる新憲法が施行された。その草案はＧＨＱの手によるものだった。この憲法により、国民が主権者となり、天皇は政治的権力を持たない「日本国民統合の象徴」となった。また、戦力を保持せず、交戦権も認めない平和主義をとるなど、当時としては画期的な内容を含んでいた。

ところが、戦力を保持しないとうたっておきながら、一九五〇年（昭和二五）に朝鮮戦争が勃発すると、日本はＧＨＱの指令で治安維持を目的とした警察予備隊を新設することになる。警察予備隊は、やがて規模を拡大させて現在の自衛隊へと発展し、憲法九条との関連をめぐって論争が続くことになる。

一九五二年（昭和二七）、日本は西側各国とサンフランシスコ講和条約を締結し、これで約七年におよんだアメリカの占領は終結する。ただ、同時に、日米安全保障条約も調印されたため、アメリカ軍は「極東の平和と安全」のため、日本に駐留を続けることになった。

この安保条約には、アメリカの日本防衛義務が明記されていないなどの問題があった。そこで一九五七年（昭和三二）に成立した岸信介(きしのぶすけ)内閣は、条約改定を目指し、交渉の結果、一九六〇年（昭和三五）に日米相互協力及び安全保障条約（新安保条約）の調印にこぎつけた。これにより、アメリカの日本防衛義務を明文化したほか、在日米軍が日本を基地にして軍事行動できることなどが定められたが、この内容に国民は猛反発し、六〇年安保闘争が巻き起こった。国民は、この新条約によって、日本がアメリカの世界戦略に巻き込まれるのではないかと危惧したのである。しかし、同年六月、条約批准案は自然成立した。岸内閣は、この条約の発効を見届けてから総辞職し、安保反対運動は終息に向かった。

続く池田勇人(いけだはやと)内閣の時代、日本経済はさらなる高度成長をとげ、好景気にわいた。その後、一九六四年（昭和三九）には東京オリンピック、一九七〇年（昭和四五）

には大阪万博が開催され、日本の復興と成長が世界に向けてアピールされた。

その後の日本は、オイルショックからくる激しいインフレの影響を受けて、高度経済成長に終止符が打たれたものの、世界的な不況からはいちはやく脱出し、経済大国へと成長した。そして、一九八七年（昭和六二）頃からバブル経済による史上空前の好景気に沸いた。

しかし、その反動は大きく、一九九〇年（平成二）から株価や地価が下落しはじめると、金融機関の破綻が相次ぎ、以後、日本経済は「失われた三〇年」ともいわれる長期低迷の時代に入る。

また、少子高齢化が進むなか、中国を中心とする新興国が経済的に台頭、日本の経済的地位は年々低下するなか、現在に至っている。

中華民国のその後から、中華人民共和国の現在まで

昭和前半の中国は、大混迷の時代から日中戦争を経て、統一へと向かっていく。

まず、一九二五年に成立した広東国民政府では、蒋介石（しょうかいせき）が力をつける。同政府は勢力圏を拡大していくが、すぐに仲間割れもはじまる。国民党と共産党の対立が激しくなり、蒋介石は上海クーデターによって、共産党員や国民党左派を追放、南京に新たに国民政府を樹立した。その後、蒋介石は北伐を開始して、一九二八年に北京に入城。国民政府は中国統一を果たしたかにも見えた。

これに対して、蒋介石から弾圧された共産党は、革命軍（紅軍）を組織し、国民政府に敵対していく。一九三一年、毛沢東（もうたくとう）がトップに浮上し、瑞金（ずいきん）を中心として中華ソヴィエト共和国を建国する。しかし、それも束の間、国民政府の攻撃によって瑞金を放棄、一年間の長征（一万キロにおよぶ逃亡）のすえ、一九三五年、延安を根拠地とする。

国民党と共産党が争っていた時代、日本軍が中国北方を蚕食（さんしょく）していく。すでに満州に利権を築いていた日本の関東軍は、一九三一年に満州事変を起こし、全領域を支配した。一九三二年には満州国を独立させ、清のラストエンペラー溥儀（ふぎ）を執政にすえた。

日本の脅威が増すなか、一九三六年に西安事件が起きる。張学良（ちょうがくりょう）によって、蒋介石が監禁されたのだ。当時、蒋介石は、日本軍との対決よりも、共産党との対決を選んでいた。抗日を主張する張学良はこれを不満とし、蒋介石監禁におよんだのだった。共産党の周恩来が西安を訪れて会談が行われ、国民党と共産党の第二次国共合作が成立した。

一九三七年、北京郊外で盧溝橋事件が起きる。日中双方の軍の小競り合いから、本格的な戦いに発展、日中戦争がはじまる。日本軍は上海、南京（当時の首都）を陥落させるが、そこから先、戦いは泥沼化する。中国側の国民党、共産党が自軍の損耗を嫌い、日本軍との大戦闘を避けたことも、戦いが長期化した原因となった。

一九四一年、日本はアメリカとの戦いをはじめ、一九四五年に降伏する。日本軍が去って、中国大陸には蒋介石の国民党と毛沢東の共産党が残った。両者はいったん歩み寄りの気配を見せたが、一九四六年に決裂、内戦となる。国民党はアメリカからの武器供与を受け、当初は優位に立つが、最終的に勝利をおさめたのは共産党の人民解放軍だった。一九四九年、毛沢東は北京で中華人民共和国の成立を宣言、敗れた蒋介石は台湾に逃れ、国民党政府を存続させた。

毛沢東の中国は、ソ連と中ソ友好同盟相互援助条約を結び、ソ連からの援助を確保。一九五〇年に朝鮮戦争が勃発して、米軍を主力とする国連軍が中国国境の鴨緑江近くまで迫ると、中国は人民義勇軍を朝鮮半島に派遣した。人民義勇軍は国連軍を押し戻し、その力をアメリカに見せつけた。

朝鮮戦争が終結すると、毛沢東は近代化をめざして、一九五八年から大躍進運動を押し進める。それは一五年でイギリスを追い越すという大計画であり、人民公社が生まれ、農業は集団化された。また、土法製鉄によって、鉄鋼の増産を図った。その結果は、農業の不振と工業の破綻だった。土法製鉄では、使い物にならない鉄ばかりが量産された。農業の集団化は農民の耕作意欲を奪い、農村は荒廃した。

一九六二年、毛沢東はその失敗の責任をとって政権中枢から退き、代わって劉少奇が主席となる。劉少奇は農村の荒廃ぶりを視察、鄧小平とともに政策を修正して一定の成果をあげた。

劉少奇と鄧小平の成功は、毛沢東の激しい嫉妬を買い、一九六六年から毛沢東の凄まじい奪権闘争が始まる。毛沢東は学生らに紅衛兵を組織させ、彼らの破壊運動に「造反有理」というお墨付きを与えた。それが、文化大革命だ。劉少奇は紅衛兵に吊るし上げを何度も食らったのち、権力を失い、無残な死を遂げた。鄧小平は命こそ奪われなかったものの、いったん権力の座から去った。

文化大革命は中国全土の伝統文化を破壊し、紅衛兵の暴走は毛沢東でさえコントロールできなくなる。毛沢東は、紅衛兵の若者を農村に下放するとともに、混乱の収拾役として鄧小平を復活させた。とともに、一九七二年に敵対していたアメリカと国交を樹立、国連にも加盟した。そのころ、中国はソ連と対立していたので、新たなパートナーとしてアメリカを選んだのだ。

鄧小平はふたたび失脚するが、毛沢東の死後、実権掌握に成功。文化大革命路線を切り捨て、一九八〇年代に改革開放路線を一気に進める。それは社会主義の中国に資本主義を導入するものであり、中国経済の急成長はここから始まる。

経済成長による豊かさは、学生による民主化運動をもたらした。民主化運動は日本の昭和が終わった一九八九年にピークに達し、北京の天安門広場には民主化を求める学生らが集まり、共産党政権は窮地に立たされた。鄧小平は、民主化運動を武力によって鎮圧することを決意。それが天安門事件となった。民主化問題は、いまなお中国のアキレス腱となっている。

◉日中関係史を知るキーワード　張作霖爆殺事件

なぜ張作霖は関東軍に爆殺されたのか？

一九二八年（昭和三）六月四日早朝、奉天軍閥の張作霖は、特別列車で北京から地元の奉天（瀋陽）へ戻る途中だった。その列車が、奉天近郊にあった皇姑屯の立体交差を通過中、上方の線路に仕掛けられた火薬が爆発。列車は、大炎上して、張作霖は両手両足を吹き飛ばされた。急ぎ奉天城内の統帥府へ運ばれるが、数時間後には死亡した。

実行犯は、満州に駐留していた「関東軍」で、河本大作大佐が実行を指揮した。関東軍は、国民党の犯行に見せかけて張作霖を殺し、治安維持を口実に部隊を出動させ、満州全体を占領しようともくろんでいた。

一九二〇年代の中国は、軍閥による群雄割拠の時代だった。辛亥革命の立役者であった孫文が死ぬと、その後継者である蒋介石が国民党広東政府の総司令となり、全国統一のための北伐を開始した。

それに対して、北京政府の実力者だったのが張作霖である。張は、日露戦争に協力して関東軍に近づき、関東軍の支援を受けて、北京政府での権力を掌握していた。関東軍にとっても、満州での権益を拡大するため、張を操る必要があった。

ところが、その張作霖が、蒋介石との対決を前にして、欧米に接近しはじめる。欧米としても、それまで支援していた直隷派が蒋介石によって壊滅させられていたので、新たな支援先を見つける必要があった。一方、中国内では、日本への抵抗運動が盛り上がっていたので、張作霖としても、いつまでも日本をバックに活動するのは損な話だった。

そこで、張は欧米資本を引き込み、南満州鉄道に並行する鉄道を敷設しようとした。それは、南満州鉄道と関東軍の権益を損なう行為だった。

蒋介石による北伐が北京に近づくと、関東軍はついに張を見限る。そして、関東軍の一部強硬派が張作霖爆殺を計画して実行したのである。

事件当初から、張作霖側の残党は「関東軍の謀略」と見ていた。そのため、張の死亡を二週間以上も公表せず、関東軍は出動の時期を逸した。この時点では、満州占領の謀略は失敗に終わったのだ。

また、日本人によって父親を殺された息子の張学良（ちょうがくりょう）は、ますます日本を嫌うようになり、満州で排日政策を実行するようになる。

◉日中関係史を知るキーワード　南満州鉄道

南満州鉄道ってそもそもどんな会社だった？

日露戦争に勝利した日本は、長春―旅順の鉄道および支線、付属施設の権利や財産をロシアから譲られ、満州経営に乗り出していく。一九〇六年（明治三九）、満州経営の中核として設立されたのが「南満州鉄道（通称満鉄）」である。

同社は半官半民の特殊会社で、満州における鉄道事業を中心としながら、炭鉱開発、製鉄業、港湾、電力供給、水道、ガス、学校、病院、ホテルなど、幅広い事業を展開した。初代総裁には、台湾で実績をあげた後藤新平が就任し、二〇～三〇代の優秀な人材を集めた。それとともに、ロンドンで社債を発行して二億円を用意して、インフラ整備からはじめ、近代的都市計画にもとづく都市建設を行った。また、後藤が創設した満鉄調査部は、当時、最高のシンクタンクとして知られていた。

しかし、立憲政友会の原敬が満州利権に目をつけ、同会系の人物を総裁、副総裁に送りこんでから、満鉄幹部のポストは利権の対象になる。そして、優秀な職員たちとしばしば対立し、疑獄事件も起こすようになった。昭和になると、満鉄は関東軍の陰謀の舞台となる。

張作霖爆殺事件後は、息子の張学良は排日政策を進め、満鉄に対抗する新たな鉄道を敷設。満鉄から借りた一億円の借款も返済を拒否したので、満鉄の利益は大きく落ち込み、数千人の従業員を解雇せざるを得なくなった。

また、満州事変が起きると、当初、満鉄は事変不拡大を望んでいたが、総裁が関東軍司令官と面談すると、一転、事変拡大派に転向。満鉄は、関東軍に全面的に協力することになり、事実上、関東軍の支配下に置かれた。こうして満州経営の実権は、満鉄から関東軍へと移っていった。

◉日中関係史を知るキーワード　満州事変

そもそも満州事変は、何が引き金になって起きたのか？

関東軍の一部が張作霖爆殺事件を起こした後、中国での反日感情はいよいよ激しくなった。張学良は、蒋介石が主席となっていた南京国民政府へ合流し、南満州鉄道を経営的に追い詰めるため、満鉄のすぐ近くに新たな鉄道を敷設。安価な料金で、経営競争をしかけてきた。これによって、満鉄の経営は、窮地へ追い込まれる。

また、張学良は、満鉄沿線に柵をめぐらさせて、通行口で持ち物に税金を課したり、「盗売国土懲罰令」を発布し、日本人や朝鮮人に土地を貸したり、売ったりした者を捕えて罰した。日本企業の営業許可を取り消したり、妨害して経営不振に陥らせもした。

関東軍は張学良を再三恫喝するが効果はない。やがて、関東軍のなかには、満州の軍事占領を本気で考える者が増えていく。

そんな状況下、一九三一年（昭和六）、満州事変前に二つの事件が起きる。一つは、日本の領事館警察と中国人が衝突した「万宝山（まんぽうざん）事件」である。この事件が報道されると、日中両国で互いを非難する世論が沸騰した。

もう一つの事件は、陸軍参謀で密偵でもあった中村震太郎大尉が、張学良軍に拘束され、殺害されたという事件である。これで、日本の世論は再び沸騰。関東軍は、その世論を背景にして、本気で武力行使の機会をうかがうようになる。

同年九月一八日午後一〇時二〇分頃、奉天（現瀋陽）の北方七・五キロの柳条湖（りゅうじょうこ）の満鉄線路が爆破によって破壊された。近くに中華民国軍の兵営があり、何事かと出てきた中国兵を関東軍が射殺して兵営を占拠した。そして、関東軍は、線路の爆破を張学良らの破壊工作と宣伝しながら、翌日までに奉天、長春、営口などの各都市を占領した。

しかし、爆破は、関東軍の虎石台（こせきだい）独立守備隊の一小隊が行ったものだった。つまり、関東軍の自作自演である。この爆破直後、急行列車が通常通り通過しており、爆破の規模はごく小さいものだった。

さらに、三日後の二一日、林銑十郎中将率いる朝鮮駐留の日本軍が、独断で越境して満州に侵攻したため、この事件は国際的な事変へと発展する。日本政府はいったんは不拡大方針を決定するが、もはや関東軍の暴走を止められなかった。関東軍は政府方針を無視して、占領地域を拡大し、わずか五カ月で、満州全域を占領した。

◉日中関係史を知るキーワード　盧溝橋事件

日中が衝突した盧溝橋事件が持っている意味とは？

満州事変から六年後の一九三七年（昭和一二）七月七日、日本軍の第一連隊第八中隊は、北京郊外の盧溝橋（ろこうきょう）付近で訓練をしていた。その夜、日本軍の駐屯部隊近くで銃声が響いた。この銃声は、現在まで、日本軍の撃ったものなのか、国民党軍のものなのか、はたまた中国共産党軍のものなのか、真相は不明である。

まず、日本軍の言い分では、対岸の中国軍の発砲であると判断して、ただちに応戦したという。以後、翌日、翌々日と前線で小競り合いが続き、現地では両軍幹部が話しあって停戦にこぎつけるが、七月一一日、日本の近衛内閣が居留民保護などを名目に、三個師団の派遣を決定する。合わせて、中国側の謝罪や撤兵を要求した。

これに対して、中国の蔣介石は、当初、戦闘の不拡大を基本方針とし、日中双方の同時撤退と外交交渉による解決を提案していた。だが、日本からの要求がエスカレートすると反発。七月一二日、蔣介石は徹底抗戦の意志を明らかにする。

そして、二五日の北京近郊での武力衝突、二六日の広安門での武力衝突を経て、二八日には事実上の全面戦争へと発展した。

この日中戦争の直接のきっかけは、偶発的に起きた「盧溝橋事件」である。だが、それは単なるスイッチにすぎず、その頃、日中双方は戦争を避けられない状況に陥っていたといえる。

日本は「満州国」を建てた後、しだいに華北への進出も狙うようになっていた。日本政府や軍部には、ソ連の南下に対し、日中満の三カ国が一致団結して戦うためと考える者もいれば、中国を屈服させて資源や市場を確保することが必要と考える者もいた。さらに、軍部の強硬派には、「日本軍が強力な一撃を加えれば、支那はすぐに降伏する」と「対支一撃論」を唱える者がいた。

それぞれに思惑は違っても、日本政府や軍部の間では、中国との戦争がすでに想定の範囲内のこととなっていたのだ。

一方、中国側は、華北への進出をたくらむ日本への反発を強めながらも、蒋介石率いる国民党と、毛沢東率いる中国共産党の内戦が続いていた。一九三六年（昭和一一）一二月、父を殺した日本を恨む張学良が、蒋介石を西安で軟禁。共産党と共同して日本に当たるという方針転換を迫り、第二次国共合作が結ばれる。中国側では、まず一致団結して日本を追い出し、その後、真の独立国家を作るという機運が盛り上がったのだ。

そこから、日中関係は一気に悪化。互いに戦うしかないという雰囲気が充満していた。あとは、どこかでスイッチが入るだけだった。

◉日中関係史を知るキーワード　日中戦争

日中戦争が泥沼化したのはどうして？

日中戦争がはじまる前、陸軍の強硬派は「対支一撃論」を唱えていた。日本全体を眺めても、日中が戦えば、そう長くはかからずに日本が勝つという雰囲気が漂っていた。

当初、日本は華北での限定戦争を仕掛けるが、一九三七年（昭和一二）八月九日、上海で、閣僚級会談に出席していた日本の大山中尉が殺害されるという事件が起きる。その四日後、上海に入った中国軍が、日本陣地に機関銃射撃を開始。さらに、砲撃を仕掛けてきたので日本軍が応戦し、戦火は華中にも飛び火した。

八月末には、日本軍は北支那方面軍を編制し、鉄道に沿って南下、上海を制圧した。そうして、日本は、首都の南京（当時）を攻略すれば、和平を申し出てくるだろうと考えていたが、中国の抗戦意欲は強かった。一二月には南京を占領するが、国民政府は、首都をより内陸部の重慶に移し、「南京大虐殺」という日本の残虐ぶりを国際世論に訴えるという手段に出た。これによって、アメリカ、イギリスなどは、中国への支援を強化する。

その後、日本軍が鉄道路線に沿って主要都市を占拠しても、中国軍は都市近郊でのゲリラ戦で抗戦した。日本軍が進撃すれば、すぐに隠れ、引き上げるとまた現れるという繰り返しで、中国軍は広い国土を存分に利用し、日本軍は全体を制圧することができなかった。

さらに、日本軍は、中国の生産拠点を叩いたが、中国軍は、ほとんどの物資を外国からの支援に頼っていたので、大きな痛手を与えることはできなかった。

諸外国は、中国を支援して、日本軍が中国にとどまらざるをえない状況をつくったほうが、軍事上得策という点で利害が一致。中国への支援を続けたため、日中戦争は泥沼状態となり、長期化することになったのである。

◉日中関係史を知るキーワード　日中国交回復

日中国交回復はどのように行われたか？

日中戦争（太平洋戦争）の終了から四年、一九四九年（昭和二四）、毛沢東率いる中華人民共和国が誕生する。その翌年には、朝鮮戦争が勃発し、アメリカ軍の占領下にあった日本は、反共色を鮮明にする。一九五二年（昭和二七）には、サンフランシスコ講和条約によって、日本は西側陣営に入り、台湾の中華民国政権を「中国を代表する政府」として認めた。

その後、中国とは、貿易こそ細々と続けられたものの、国交は結んでいなかった。一九六五年（昭和四〇）には、就任直後の佐藤栄作首相が、中国を「アジアの脅威」と発言。中国が態度を硬化させたこともあった。

ところが、その佐藤栄作首相の跡を継いだ田中角栄首相時代の一九七二年（昭和四七）、日中は急速に接近して国交を正常化させる。そのきっかけとなったのが、中国とアメリカの急接近だった。

アメリカは、対ソ戦略という面からも、また経済発展する東アジア対策という面からも、中国を新しいパートナーとする新秩序づくりを模索していた。一九七一年七月には、キッシンジャー国務長官が北京を二度に渡って極秘訪問し、政府間協議を実施する。そして、同年七月一五日には、ニクソン大統領自身が、北京を訪問することを発表した（実現は翌七二年二月）。

この一連の動きに対して日本の田中角栄通産大臣（当時）は、日本抜きで事が運ばれていることに危機感を抱いた。そして、極秘で、さまざまな外交ルートを使って中国政府と秘密交渉をはじめる。当時の自民党には、中華民国（台湾）を支持する議員の方が圧倒的に多く、中国との交渉が発覚すれば、大騒ぎになるのは必至だった。

こうして、ニクソンの訪中から七カ月後の一九七二年九月、首相となった田中角栄が中国を公式に訪問。周恩来首相や毛沢東主席と会談して、日中共同声明を発表した。共同声明を出すのは、米中よりも早かった。こうして、田中角栄は、アメリカより先に中国を認めるという早技で、日中国交を正常化してみせたのだった。

◉日中関係史を知るキーワード　靖国問題

そもそもなぜ、対立の火種になるのか？

長年、日中対立の火種のひとつとなってきたのが、靖国問題だ。日本の首相や官房長官らが靖国神社に参拝しようものなら、中国から激しい非難の声が上がってきた。

まずは、同神社の歴史を振り返っておくと、同神社は、明治初期、戊辰戦争の戦死者を祀るために創建され、当初は「東京招魂社」と呼ばれていた。それが、西南戦争以後は、戦争で亡くなった人々を追悼・顕彰する神社に変わり、日清戦争、日露戦争、日中戦争、太平洋戦争の戦死者らが祀られてきた。

そして、戦後も、一九七〇年代前半までは、天皇、首相、国務大臣らが戦没者慰霊のために参拝していたが、一九七〇年代後半、A級戦犯が「昭和殉難者」として同神社に合祀され、それが明らかになった後、公人の参拝が問題視されることになった。

中国もそうした事情を知ると、非難を開始しはじめた。中国が靖国神社参拝を非難するのは、同神社を軍国主義と中国侵略の象徴的な存在と見ているからであり、首相らがそこへ参拝するのは、日本がかつての侵略を反省していない証拠と受け止めるからだ。

そして、靖国神社参拝問題は、中曾根康弘元首相の在任時代、さらに尖鋭化する。中曾根首相は一九八二年、総理に就任すると、自らの政治姿勢を示すため、靖国神社の「公式参拝」に踏み切る。これが大きく報じられることによって、中国の大衆も靖国問題の存在を広く知るようになり、反日感情が一気に高まったのだ。

その後、靖国問題は、いわゆる「歴史認識問題」の象徴となる。日本で、公人の靖国神社参拝が報道されるたび、中国はそれを日本の歴史認識の誤りをただす機会ととらえ、日本政府を責め立てるようになった。そうして、靖国問題は、中国にとって大きな外交カードになったのだ。

ただ、近年は、靖国問題もさすがに外交的なテーマとしての〝鮮度〟が落ち、また日本の首相らが参拝を控えていることもあって、中国からの抗議も鎮静化はしている。

◉日中関係史を知るキーワード　ODA

日本からのODAは中国の近代化にどれくらい役立った？

経済関係に目を向けると、一九七〇年代以降、中国の経済成長の要因のひとつは、日本からのODA（政府開発援助）だったといえる。日本は中国に対して、三兆円を超える円借款など、巨額のODAを提供してきたのだ。

その資金は、中国の近代化に役立てられ、たとえば北京の国際空港新ターミナルの建設や地下鉄建設にも充てられた。

日本が対中ODAをはじめた背景には、日本の財界からの要請もあった。日本の有力企業は国交回復後、中国に進出しはじめていたが、当時の中国は貧しく、つねに資金不足だった。そこで、財界は、日本政府に資金援助をするように要請、政府はこれに応えたのだ。

中国側も、当時の実力者、鄧小平は経済成長優先論者であり、日本からのODAを受け入れたのである。

しかし、その後、日本からの巨額のODAに対して、中国側からの感謝の声を聞くことは少なかった。一般的に、ODAを受けた国は、援助してくれた国に対して敬意を払い、ODAでつくられた施設や建設物には、ODAによって建設されたことが明記されている。しかし、一方、中国は日本から巨額のODAを受けてきたにもかかわらず、援助の事実をほとんど発表してこなかったのだ。

理由のひとつとしては、中国側がODAを戦後賠償の代わりと受け止めていることがある。中国は日中戦争で大きな被害を受けた。ならば、日本がODAを提供して、被害の埋め合わせをするのは当然、むしろしなければならないとさえ考える。そこには、いわゆる「愛国教育」の影響もあるだろう。

日本からODAを受けていることを知っている国民も、日本のODAはかつての被害に比べれば、まだ不足していると考える傾向があるのだ。

◉日中関係史を知るキーワード　尖閣諸島

日中関係をめぐる最大の問題を〝そもそも〟から整理すると？

現在、日中関係を冷え込ませている最大の問題は、尖閣諸島の領有問題である。まずは、この諸島がどんな島なのか、そこから見ていこう。

同諸島は、東シナ海の南西部、石垣島から約一七〇キロ、台湾からも約一七〇キロ、中国大陸からは約三三〇キロの距離にある。諸島は、魚釣島（うおつりじま）、久場島（くばじま）などの五島と、三つの岩礁などから構成されている。そのうち、最も大きな魚釣島（うおつりじま）は、東西に三・五キロ、南北に一・三キロの大きさで、面積は東京都千代田区の半分程度。次いで、久場島は、面積は一・五五平方キロと魚釣島の半分以下のサイズだ。他に、大正島（たいしょうとう）や北小島（きたこじま）などの島がある。

現在、こうした尖閣諸島と周辺の海域は、日本が実効支配し、海上保安庁が警備を行っている。日本政府の主張は、「歴史的にも国際法上も、尖閣諸島が日本の領土であることは明らかであり、いかなる領有権問題も存在しない」というもの。

その根拠とされるのは、近代以後、日本人が尖閣諸島の開拓を行ってきたことで、その中心となったのは、福岡県出身の古賀辰四郎という人物だ。

古賀は明治初期、那覇に古賀商会を設立、夜光貝をボタンの材料として内地へ送るなどのビジネスを行っていた。彼は明治一七年、台湾へ向かう船中から尖閣諸島を見て興味を抱き、後に探検隊を派遣し、調査した。その結果、この諸島は無人島で、どの国の支配もおよんでいないことを確認し、明治二八年、明治政府に開発許可を申請する。明治政府は、翌明治二九年、古賀に三〇年間無償で貸与することを決める。

翌年、古賀は、労働者と建築資材を同諸島に送り込み、その後、アホウドリの羽毛を大量に採取し、羽毛布団用に輸出するようになった。最盛期には、二八〇名ほどの労働者がこの諸島で暮らしていたとみられている。

第二次世界大戦がはじまると、尖閣諸島での事業は中止され、島は無人化するが、島の所有権は、無償貸与の期間経過後、古賀の長男に払い下げられ、その妻の所有となった後、一九七〇年代、埼玉県内で不動産業などを営む知人に売却された。そして、二〇一一年、日本政府は魚釣島などを買い上げ、国有化した。という経緯から、日本は、明治政府が領有者のいない無人島を領土に組みこんで以来、尖閣諸島は一貫して日本の領土と主張している。

しかも、中国と台湾は、尖閣諸島周辺に石油や天然ガスの埋蔵が確認される一九六〇年代末まで、日本の尖閣諸島領有に異議を唱えたことはなかった。その事実も、日本政府は、中国、台湾両国が、尖閣諸島を自国の領土と考えてこなかった証拠としている。

実際、中国共産党の機関紙『人民日報』は一九五〇年代、琉球群島について「～尖閣諸島などからなる」と記載していた。尖閣諸島も、日本の領土である琉球群島の一部と認識していたとみられる記述だ。

ところが、昭和四三年、国連アジア極東経済委員会が、東シナ海に海底油田が存在する可能性があると発表すると、中国は尖閣諸島の領有権を主張しはじめ、昭和四六年の声明では、「尖閣諸島は台湾の一部なので、その帰属は中国にある」と主張した。中国政府は、台湾も自国の領土としているので、台湾の一部である尖閣諸島は中国の領土というわけである。

そして、昭和四七年、日中の国交が正常化する際、田中角栄首相は周恩来首相との会談で尖閣問題にふれるが、周首相はこの問題を交渉の俎上にのせることを回避した。その後、中国の最高指導者となった鄧小平は、昭和五三年に来日したとき、この問題の棚上げを提案する。その半年前、一〇〇隻以上の中国漁船が尖閣諸島に押し寄せるという事件が起きていたが、鄧小平は問題の深刻化を避け、「われわれは知恵が足りない。次の世代が賢くなるでしょう」と、周恩来につづいて決着を回避した。

棚上げ状態に変化が現れたのは、一九九〇年代に入ってから。中国は「領海法」を制定、尖閣諸島を自国領と決める。以降、諸島周辺の日本領海内に、中国漁船が侵入しはじめたのだ。中国漁船による日本の海上保安庁の巡視船に対する体当たり事件も起きた。

加えて、日本の尖閣諸島の国有化によって、問題はさらに悪化し、現在に至っている。国有化後、中国の海洋監視船が次々と尖閣諸島周辺の日本領海、あるいは接続海域に侵入しはじめてきたのだ。今日もまた、同諸島周辺の海域では、日本の巡視船と中国船との緊迫した状態が続いている。

日本の歴史

年代	主な出来事
57	倭奴国王が後漢に遣使。印綬を受ける
147頃	倭国大乱（～?）
239	卑弥呼が魏に遣使

中国の歴史

年代	主な出来事
前1600頃	殷の建国
前1050頃	殷の滅亡。周王朝の建国
前770	周の平王が洛邑に遷都（東周）。
前770	春秋時代のはじまり（～前403年）
前453	晋が韓・魏・趙に分裂
前403	周が韓・魏・趙を承認
前403	戦国時代のはじまり（～前221年）
前376	晋の滅亡。戦国七雄の時代
前221	秦の始皇帝による中国統一
前209	陳勝・呉広の乱（～208）
前206	秦の滅亡
前202	劉邦による中国統一（前漢）
前154	呉楚七国の乱
前141	前漢で武帝が即位
8	前漢の滅亡。王莽が新を建国。
25	後漢の建国。光武帝が即位
184	黄巾の乱
220	後漢の滅亡
263	魏が蜀を滅ぼす
265	魏が滅び、晋が成立する
280	晋が呉を滅ぼす。晋による中国統一

年	日本史
300?	ヤマト政権による国土統一がすすむ
421	倭の五王が宋に遣使（〜478）
527	筑紫国造磐井の乱
538?	仏教公伝（552年説も）
587	蘇我氏が物部氏を滅ぼす
603	冠位十二階の制定
604	十七条憲法の制定
607	小野妹子を遣隋使として派遣
630	遣唐使の派遣（〜894）
645	中大兄皇子らが蘇我入鹿を暗殺。大化の改新
663	白村江の戦い
672	壬申の乱
701	大宝律令の制定
710	平城京へ遷都
729	長屋王の変
740	藤原広嗣の乱

年	中国史
304	五胡十六国時代のはじまり（〜439）
316	晋の滅亡
317	東晋の建国
420	宋王朝が成立する（南朝）
439	北魏による華北の統一（北朝）
479	南斉が成立する
502	梁が成立する
535	北魏が東西に分裂する
577	北周が北斉を滅ぼして、華北を統一
581	隋の建国
589	隋が中国を統一
604	隋で煬帝が即位する
618	煬帝が殺害される。隋の滅亡
618	唐が成立する
626	唐で太宗による貞観の治（〜649）
713	唐で玄宗による開元の治（〜741）
755	安史の乱（〜763）

764	藤原仲麻呂の乱
794	平安京に遷都
866	応天門の変
901	菅原道真が大宰府に左遷される
935	承平・天慶の乱（〜941）
1051	前九年の役（〜1062）
1083	後三年の役（〜1087）
1086	白河上皇による院政がはじまる
1156	保元の乱
1159	平治の乱
1167	平清盛が太政大臣となる
1185	平氏の滅亡
1192	源頼朝が征夷大将軍となる
1219	源実朝が公暁に殺害される
1221	承久の乱
1274	文永の役（元寇の襲来）
1281	弘安の役（元寇の襲来）
1324	正中の変
1331	元弘の変

875	黄巣の乱（〜884）
907	朱全忠が唐を滅ぼす
907	五代十国時代のはじまり（〜960）
916	遼の建国
960	宋の建国
979	宋が中国を統一
1038	西夏の建国
1115	金の建国
1125	遼の滅亡
1127	宋の滅亡。南宋が成立する
1206	チンギス・ハンがモンゴル帝国の皇帝に即位
1234	元によって金が滅びる
1271	モンゴル帝国が国号を元に改称
1279	元によって南宋が滅びる

年	日本史
1333	鎌倉幕府滅亡
1334	後醍醐天皇による建武の新政
1336	後醍醐天皇が吉野に移り、南北朝時代へ
1338	足利尊氏が征夷大将軍となる
1392	南北朝の統一
1401	足利義満が遣明船を派遣
1404	勘合貿易がはじまる
1467	応仁の乱（〜1477）
1543	鉄砲の伝来
1553	川中島の戦い（〜1564）
1560	桶狭間の戦い
1568	織田信長が足利義昭を奉じ入京
1573	室町幕府の滅亡
1582	本能寺の変。山崎の戦い
1585	羽柴秀吉が関白となる
1592	文禄の役
1597	慶長の役
1600	関ヶ原の戦い
1603	徳川家康が征夷大将軍となる
1614	大坂の陣（〜1615）。豊臣氏の滅亡
1637	島原の乱
1651	由井正雪の乱

年	中国史
1351	紅巾の乱（〜1366）
1368	明の建国。朱元璋が皇帝として即位
1402	明で永楽帝が皇帝に即位
1616	後金の建国
1631	李自成の乱（〜1645）
1636	後金が国号を清に改称
1644	李自成によって明が滅びる

1715	海舶互市新例
1716	徳川吉宗による享保の改革（～1745）
1787	松平定信による寛政の改革（～1793）
1837	大塩平八郎の乱
1841	水野忠邦による天保の改革（～1843）
1853	ペリー浦賀へ来航
1860	桜田門外の変
1863	薩英戦争
1866	薩長同盟
1867	大政奉還
1868	戊辰戦争（～1869）
1874	民撰議院設立建白書
1877	西南戦争
1889	大日本帝国憲法発布
1894	日清戦争（～1895）
1902	日英同盟を締結
1904	日露戦争（～1905）
1910	韓国併合条約
1914	第一次世界大戦（～1918）
1915	対華二十一カ条の要求
1923	関東大震災
1927	山東出兵（～1928）

1796	白蓮教徒の乱（～1804）
1840	アヘン戦争（～1842）
1851	太平天国の乱（～1864）
1856	アロー戦争（～1860）
1884	清仏戦争（～1885）
1894	日清戦争（～1895）
1900	義和団事件（～1901）
1905	孫文が中国同盟会を結成
1911	辛亥革命
1912	清が滅びる。
1912	中華民国の成立
1919	中国国民党が結成される。五・四運動
1921	中国共産党が結成される

1928	張作霖爆殺事件。
1931	柳条湖事件。満州事変
1932	上海事変。
1932	日本が満州国建国を宣言
1933	国際連盟より脱退
1936	二・二六事件
1937	蘆溝橋事件。日中戦争（～1945）
1940	日独伊三国同盟
1941	太平洋戦争（～1945）
1945	ポツダム宣言受諾
1947	日本国憲法施行
1951	サンフランシスコ講和会議。日米安全保障条約
1956	国際連合加盟
1972	日中国交正常化

1928	張作霖爆殺事件
1931	柳条湖事件。満州事変
1932	上海事変
1932	日本が満州国建国を宣言
1936	西安事件
1937	盧溝橋事件。日中戦争（～1945）
1941	太平洋戦争（～1945）
1949	中華人民共和国の成立
1966	文化大革命（～1969）
1972	日中国交正常化

◆参考文献

「日本の歴史」（小学館）／「100問100答日本の歴史」歴史教育者協議会編（河出書房新社）／「日本史用語集」全国歴史教育研究協議会編（山川出版社）／「不思議日本史」南條範夫監修（主婦と生活社）／「戦国ものしり101の考証」稲垣史生／（KKロングセラーズ）／「日本の合戦なぜなぜ百貨店」／「日本史知ってるつもり」／「日本史・疑惑の重大事件100」（以上、人物往来社）／「目からウロコの戦国時代」谷口克広（PHP）／「江戸を知る事典」加藤貴編（東京堂出版）／「考証江戸事典」南條範夫編（人物往来社）／「世界の歴史」（中央公論社）／「世界の歴史」（講談社）／「史記」貝塚茂樹（中央公論新社）／「三国志（上）（下）」歴史群像編集部編（学習研究社）「面白いほどよくわかる三国志」阿部幸夫監修神保龍太著（日本文芸社）／「人物世界史1・2」今井宏編（山川出版社）／ほか

※本書は、2011年に小社より刊行された『裏から読めば謎が解ける！ 日本史と中国史の大疑問』に新たな情報を加え、改題の上、再編集したものです。

日本の2000年史 その時、中国はどう動いた?

2024年5月20日 第1刷

編　者　歴史の謎研究会
発行者　小澤源太郎
責任編集　株式会社プライム涌光
発行所　株式会社青春出版社

〒162-0056　東京都新宿区若松町12-1
電話 03-3203-2850（編集部）
03-3207-1916（営業部）
振替番号　00190-7-98602

印刷／中央精版印刷
製本／フォーネット社
ISBN 978-4-413-29852-0